墨影花香

看懂雅士墨客賦予花卉的詩情畫意

感時花濺淚，恨別鳥驚心
寄情於花卉中的感性與理性

過常寶 — 著

每一種花卉都有獨特的文化內涵和寓意
展現花卉的神祕與浪漫
從牡丹的雍容華貴到梅花的清雅高潔，
生動地描繪花卉的魅力

對中國文學與
民間傳說中花
卉的深入剖析

目錄

目錄

第三章　花卉的文化印記

第一章　中國文化與花

現在花與人的關係上。花如美人，花比君子，古人將深厚的情感寄託於美麗的花卉，流傳下無數浪漫詩篇與動人故事。

第一節　桃之夭夭，灼灼其華——花與美人

鮮花與美人之間的關係是不言而喻的，《詩經．周南．桃夭》開篇「桃之夭夭，灼灼其華」即以綻放的桃花比興新娘如花般美麗的容貌。在中國傳統文化中，這樣的比擬比比皆是。花朵鮮豔的色彩、動人的姿態都不禁使人聯想到女子姣好的面容和精緻的服飾，兩者相互映照，更添光彩。

宋代著名詞人晏殊的〈採桑子．石竹〉就生動地向我們展示了一幅美人與鮮花相映

的美好圖景：

古羅衣上金針樣，繡出芳妍。玉砌朱闌，紫豔紅英照日鮮。

佳人畫閣新妝了，對立叢邊。試摘嬋娟，貼向眉心學翠鈿。

也許是因為百無聊賴吧，美麗的女子翻出壓在箱底的古羅衣，那紗衣上面用金線繡著清麗動人的石竹花，栩栩如生，彷彿都要透出香氣來。她緩緩走下玉階，輕倚朱欄，看到滿園的石竹花正映著陽光盛放，紫色也好，紅色也罷，一朵朵都開得如此惹人憐愛。終於畫好了精緻的妝容，佳人走到那燦爛的石竹花叢邊，彎下腰肢，輕輕摘下一朵鮮花，將花瓣貼在眉心，權當作那翡翠的頭飾。這場景如此唯美而自然，宛如一幅畫，正表現著鮮花與美人之間無聲的和諧。

芙蓉如面柳如眉

唐代詩人白居易在其名作〈長恨歌〉中以一句「芙蓉如面柳如眉」生動地表現了唐玄宗面對花柳回憶楊貴妃的傷感情景。其以嬌豔的芙蓉花比喻妃子生前的容顏，真是十分貼切。實際上，在中國古代詩詞中，不僅僅有這些以花喻人的例子，還有許多使用擬人手法，將花兒當作美人進行描寫的現象。

同樣與楊貴妃相關，宋代詩人趙福元就曾將柔風細雨中雪白的梨花寫成是出浴的美人，並將其與楊貴妃相比：

玉作精神雪作膚，雨中嬌韻越清癯。若人會得嫣然態，寫作楊妃出浴圖。

若只看詩的前兩句，人們大約真會以為是一位亭亭玉立的美女在雨中沐浴吧！可見趙福元青睞如清雅美人的梨花。而同樣身為宋代詩人的楊萬里卻偏愛樸實可愛的牽牛花：

素羅笠頂碧羅檐，晚卸藍裳著茜衫。望見竹籬心獨喜，翩然飛上翠瓊簪。

寫的雖然是花，全詩卻不著花字，只把花兒當作人來描寫。我們彷彿真的能看見一個天真爛漫的農家少女，頭戴笠帽，身穿彩衫，活潑可愛。牽牛花的花瓣中含有一種鹼性的花青素，經過太陽的照射，這種成分會逐漸變成酸性，因此花瓣的顏色也會隨之由藍色變成粉紅色或紫紅色。「茜」在古代有紅色的意思，「晚卸藍裳著茜衫」一句，就生動而巧妙地寫出了牽牛花的這種自然現象。

還有一首描寫含笑花的古詩也有異曲同工之妙：

花開不張口，含羞又低頭。擬自玉人美，深情暗自流。

詩人形象的描繪使讀者眼前自然地浮現出一位靦腆少女的模樣，有些害羞，又有些矜持，正低著頭微微衝著人笑呢！

常言道：「花美人更美。」不過，在有些詩人的眼裡，那花兒可比女子美上好幾倍呢！明代著名文人文徵明曾作詩歌詠玉蘭花：

綽約新妝玉有輝，素娥千隊雪成圍。
我知姑射真仙子，天遣霓裳試羽衣。
影落空階初月冷，香生別院晚風微。
玉環飛燕原相敵，笑比江梅不恨肥。

他把玉蘭寫得這麼美，這麼脫俗，彷彿那遠離塵世的仙女，穿著無瑕如雪的衣裙，成群結隊地在靜謐的月光下跳著優美的舞蹈。即使是楊玉環、趙飛燕這樣的絕世美女，在冰清玉潔的玉蘭仙子面前也無法匹敵了。

無獨有偶，唐代詩人黃滔寫木芙蓉的美，寫到最後，做一假想：「移根若在秦宮裡，多少佳人泣曉妝。」這美麗的花兒竟能使秦宮中的佳人自慚其貌，詩人愛花之情可見一斑。

淡妝濃抹總相宜

在許多詩人心中，那一朵朵綻放的花兒，就彷彿是他們心儀的佳人。因此，美人們專屬的胭脂粉黛也自然而然地出現在了那些花花草草的面龐之上。且看王安石的這首〈木芙蓉〉：

水邊無數木芙蓉，露染胭脂色未濃。正似美人初醉著，強抬青鏡欲妝慵。

木芙蓉花開於霜降時節，彼時大部分鮮花已落，唯其凌寒而放。王安石正是憐惜其冷豔之美，故將其描繪成微染胭脂的初醉美人，一句「強抬青鏡欲妝慵」寫盡木芙蓉花的個性。與牽牛花變色的原理相似，木芙蓉中也有一種會變色的三醉芙蓉，晨色如玉，午後變為桃紅色，傍晚又漸轉至深紅，彷佛美人婉轉的神色，真是美麗非常。

除了王安石筆下的木芙蓉，善於塗脂抹粉的還有白居易筆下的木蘭花：

紫房日照胭脂拆，素豔風吹膩粉開。怪得獨饒脂粉態，木蘭曾作女郎來。

素豔的花朵，猶如略施了脂粉的女郎，微風輕拂她細膩豐腴的肌膚，如此動人，怪不得曾有女子名為木蘭呢。在這裡白居易借用了花木蘭的典故，幾句戲言，卻把木蘭花青春勃發的樣貌描繪得淋漓盡致。

有時候，詩人也會將花開花落的現象比擬為美人化妝卸妝。比如，宋代詩人王淇的〈春暮遊小園〉，詩人用「一叢梅粉褪殘妝，塗抹新紅上海棠」寫春天梅花凋零、海棠花開的情景，真可謂巧思。

蘇東坡在描繪西湖之美時，曾寫下「淡妝濃抹總相宜」的名句，意思是無論晴雨，西湖的景色都十分動人，而這句詩中體現出的兩種審美取向——濃烈、清雅，這正好代表著對女性美的認識。有人喜歡明豔多姿，也有人偏愛清淡素雅，對鮮花的觀賞與對美人的觀賞是一個道理。那些花之事，說來都是人之事。

要說濃烈的美，牡丹是當仁不讓的。「春來誰作韶華主，總領群芳是牡丹」，這「國色天香」的牡丹花似乎能夠撐得起任何大場面。宋人朱弁的《曲洧舊聞》記載著品種名為「一尺黃」的牡丹「花頭面廣一尺」。宋代的一尺，大約相當於今天的三十公分，如此碩人的花冠，真給人一種雍容華貴的君王氣象。

同樣給人豔麗之感的，還有春日盛放的桃花。「百分桃花千分柳，冶紅妖翠畫江南。」常常用來比擬少女的春桃，每逢花期，往往花開滿樹，暖風一吹，冶豔非常。

濃妝重彩自然容易惹人注意，但淡妝素顏同樣也能令人心醉。蘇東坡寫寒梅「素面常嫌粉汙，洗妝不退唇紅」，儼然一位不屑過多裝扮的本色女子，反而使人感覺高潔脫俗。而「海棠不惜胭脂色，獨立濛濛細雨中」，在宋人陳與義的筆下，雨中的海棠花並不在乎自己的胭脂妝容，依然傲然開放，也別有一種氣質。

「解語花」與「買笑花」

除了多情的詩詞，美人與花之間也流傳著許多有趣的故事。唐代王仁裕的《開元天寶遺事》中就記載了這樣一個故事：

八月時節，太液池中盛開著朵朵白蓮花，十分美麗，於是唐明皇便在池邊宴請皇親國戚一同賞花。當群臣對著池中蓮花讚不絕口之時，風流多情的唐明皇卻指著愛妃楊玉環說：「這池中之花怎麼比得上我的解語花呢？」

不久，詩人羅隱便在一首吟詠牡丹花的詩作中運用了這一概念：「若教解語應傾國，任是無情也動人。」自此以後，「解語花」、「解語傾國」便成了美人的別稱。

在文人筆下，楊貴妃與花的緣分還真是不淺呢，芙蓉、梨花、玉蘭、白蓮都成了與之比美的對象，連名花海棠也要來湊湊熱鬧。據宋代傳奇小說《楊太真外傳》記載，有一次，唐玄宗李隆基召貴妃同宴，誰知佳人竟宿醉未醒，侍兒扶至御前時，「妃子醉顏殘妝，鬢亂釵橫，不能再拜」。也許那又醉還醒的模樣實在是太美了吧，皇上竟然一點兒也不生氣，反而笑道：「豈是妃子醉，真海棠睡未足耳。」這花兒又怎麼會有睡覺的時刻？只是這樣比擬倒恰如其分地描摹出美人慵懶的神色。蘇東坡還曾作〈海棠〉詩一首，其中「只恐夜深花睡去，故燒高燭照紅妝」兩句就援引此事為典故，將愛花人的痴情生動地表達出來。而今海棠又有「睡美人」、「花貴妃」的雅號，大約還是因為那醉後的楊玉環吧。

同樣與帝王和妃子相關，明代王路的《花史左編》中則記載了一個與薔薇花相關的典故：

一次，漢武帝與其妃麗娟一同賞花，只見那薔薇正當綻放時，花瓣嬌豔，宛如含笑，真是惹人喜愛。武帝不禁感嘆：「這花美得勝過美人的微笑啊！」一旁的麗娟淘氣地說：「那笑可以用錢買到嗎？」漢武帝也用玩笑的語氣答道：「可以啊。」於是，麗娟便真的取出黃金百兩，作為買笑錢，以迎合皇帝的歡心。

緣因此事，薔薇花也有了個有趣的別號——「買笑花」，是不是有幾分詼諧可愛呢？

石榴裙和金鳳甲

花對女子的影響，還在服飾方面有所體現，其中最為著名的，大約是石榴裙吧。這種服飾興盛於唐代，深受彼時年輕女子的青睞。之所以名為石榴裙，是因為這種裙子的顏色如石榴花一般鮮紅，特別能襯托出年輕女子的俏麗。唐人萬楚即曾以詩句「眉黛奪將萱草色，紅裙妒殺石榴花」描繪女子的嬌豔姿態。白居易〈琵琶行〉中有「鈿頭銀篦擊節碎，血色羅裙翻酒汙」，其中的「血色羅裙」指的應該就是石榴裙。而在白居易的另一首詩〈官宅〉中，則直接出現了「石榴裙」一詞：「移舟木蘭棹，行酒石榴裙。」在古代，石榴裙的顏色很有可能是由茜草染製而成的，所以石榴裙也被稱作「茜裙」，宋劉鉉有詞：「暮雨急，曉霞濕，綠玲瓏，比似茜裙初染一般同。」

石榴裙的概念一直流傳到今天，當男子對女子傾心時，常被稱作「拜倒在石榴裙下」，據說這個說法也跟楊貴妃喜穿石榴裙有點關係呢！

美人穿上了美麗的石榴裙，接下來，就得用鳳仙花染指甲了。今天許多女性喜歡塗指甲油，其實在中國古代，女子就有染指甲的傳統，南宋周密在《癸辛雜識》曾細緻地記錄了彼時用鳳仙花染指甲的方法：

鳳仙花紅者，用葉搗碎，入明礬少許在內。先洗淨指甲，然後以此敷甲上，用片帛纏定過夜。初染色淡，連染三五次，其色若胭脂，洗滌不去，可經旬。直至退甲，方漸去之。

由於這一特殊用途，鳳仙花也被稱為「指甲花」。而紅指甲則可謂是中國古代女性的一大重要特徵，許多詩詞中都有提及，如徐階的「金鳳花開色最鮮，染得佳人指頭丹」，呂兆麟的「染指色愈豔，彈琴花自流」等。元代詩人楊維楨的名句「夜搗守宮金鳳蕊，十尖盡換紅鴉嘴」就記錄了當時皇宮中宮女夜晚搗鳳仙花塗甲的情景，其中「金鳳」即指鳳仙花。無獨有偶，明代文人瞿佑也有詩句「要染纖纖紅指甲，金盆夜搗鳳仙花」。愛美的女性們，真是與花兒結下了不解之緣。

第二節　出淤泥而不染，濯清漣而不妖——花與君子

「歲寒，然後知松柏之後凋也。」《論語》中的這句話旨在讚賞松樹和柏樹不畏寒冷氣候、堅韌不拔地生長的勇氣，進而讚譽那些像松柏一樣不隨俗流、保持節操的人物。以物喻人似乎是中國文化的一種傳統。在今天看來，植物的樣貌及其生長環境當然都是自然選擇的結果，但在古人眼裡，世間萬物都是有靈性的。即使不起眼的一草一木，也蘊含著不同的生命內涵。因此，古人愛花，除了花的外貌、姿態，還關注花的品性。

從孔子開始，儒家就十分推崇「君子」這一概念。所謂「君子」，通俗一點來說，就是具有高尚品德的人，其與缺乏德行的「小人」是相對的概念。北宋學者周敦頤曾寫過一篇著名的散文〈愛蓮說〉，文中將蓮花譽為「花之君子者」，並詳細地說明了如此稱呼的理由：

予獨愛蓮之出淤泥而不染，濯清漣而不妖，中通外直，不蔓不枝，香遠益清，亭亭淨植，可遠觀而不可褻玩焉。

蓮花從淤泥里長出來卻不被汙染，經過清水的洗滌卻不顯得妖豔，就如君子即使在惡劣的環境中也能保持住自己的本性；蓮花的莖中間是通透的，外形是挺直的，正類似君子「坦蕩蕩」的個性；蓮花不生枝蔓、不長枝節、筆直站立的模樣，則應和君子「和而不同」、「群而不黨」的處世準則；池中的蓮花香氣遠播，人們可以遠遠觀賞它，卻不可以靠近玩弄它，又呼應了君子自尊自重的精神品格。

這麼看來，看似嬌弱的花朵，在中國傳統文化中，似乎還擁有除了美麗之外的另一層內涵：不但與美人比美，更與君子齊德。

愛花須敬「四君子」

除了蓮花，直接有花中「君子」之稱的還有「四君子」，即梅、蘭、竹、菊。這一概念主要是從中國傳統繪畫中來的。明萬曆年間，文人黃鳳池輯成一部名為《梅竹蘭菊四譜》的花譜，他的好友陳繼儒在其上題簽曰「四君」。這部作為學畫者範本的書刊刻發行之後，梅、蘭、竹、菊「四君子」的稱號便漸漸流傳開來了。

當然，早在這一稱號廣泛流行之前，這四種植物就已經進入了文人士大夫的精神生活之中，並成為他們所追求的精神境界的象徵了。士大夫們所關注的，不僅僅是「四君子」的自然美，他們將道德品質和人格力量灌輸到「四君子」的概念之中，使之具有獨特的文化內涵。透過對「四君子」形象的塑造，文人士大夫託物言志，試圖實現自我價值。在悠久的文化長河中，寄託著人格理想的「四君子」，最終成為文人表達自我追求的最好題材。

「四君子」中為首者當屬蘭花。「秋蘭兮清清」，早在屈原的〈離騷〉之中，蘭花就已經具備了一種高潔超然的氣質。《孔子家語》中有這樣一段話：

芝蘭生於深谷，不以無人而不芳；君子修道之德，不為困窮而改節。

蘭花喜陰，喜濕潤，故多生長於空山幽谷之中，與雜草為鄰。即使生長環境惡劣，即使遠離塵囂，無人照料，無人欣賞，蘭花依然默默綻放著芳香，就好比陷於困窮之中的君子，始終不曾更改自己的節操。《文子》亦有言：

蘭芷不為莫服而不芳，君子行道，不為莫知而止。

蘭花之芳香，正如君子之行道，「不患人之不己知」，一直孜孜不倦地堅持著、延續著，也許有些孤獨，卻有著他者不可替代的價值。

顏回是孔子最為看重的學生，孔子曾讚賞他即使只有「一簞食」、「一瓢飲」，居住於陋巷之中，仍然不改變自己求道的樂趣。這種安貧樂道的氣質和與世無爭的蘭花多麼相似，難怪在古人眼裡，為人應為君子，為花當為蘭草。

「四君子」中其他三者為人所稱道，主要由於它們的抗寒特性。菊花盛放於深秋，挺立於涼風之中，傲霜鬥雪；梅花嬌豔於寒冬早春，於百花凋零之時，恬然處之；竹子更是四季常青，經冬不凋。三者都不屑與群芳爭豔，只固執地堅守著屬於自己的花期，這種個性，自然被看作是那些不隨流俗、不趨炎附勢、堅韌不拔、傲然不屈的君子的象徵。

唐代元稹的〈菊花〉就表達了詩人對這種獨立寒秋的個性的喜愛：

秋叢繞舍似陶家，遍繞籬邊日漸斜。不是花中偏愛菊，此花開盡更無花。

秋冬之時，繁花落盡，依然綻放的菊與梅自然就顯出了別樣的氣節與魄力。在寒冷的氣候中，一點鮮豔的花色，一抹清雅的芳香，令多少文人陶醉痴迷。

愛菊者以陶淵明最為著名，其詠菊花詩量多，其中有一首直接贊菊、松之貞節：

芳菊開林耀，青松冠岩列。懷此貞秀姿，卓為霜下傑。

南宋著名文學家陸游亦有詠梅名句：

無意苦爭春，一任群芳妒。零落成泥碾作塵，只有香如故。

梅花自有其傲骨，故不願效仿群花苦苦爭春，即使粉身碎骨，其志（香氣）也不移。表面說的是梅花，實際上是詞人在表明自己不同流合汙的決心。元馮子振贊梅花「任他桃李爭歡賞，不為繁華易素心」，古人不將豔麗的桃李等花木稱作君子，正是由於這些植物愛熱鬧、喜繁華的天然屬性不符合君子所具備的品性標準。諸如杏花、梔子、茉莉等花卉，既不像蘭花一樣色淡香清，又不似梅、菊那般不畏嚴寒，雖擁有風情萬種之姿色，卻不足以承擔君子之名了。

對於古代文人來說，並不是人人都能畫好「四君子」的，畫梅須有梅的氣骨，畫蘭要有蘭的節操，所謂「畫梅須具梅氣骨，人與梅花一樣清」，說的就是這個道理。在賞花、畫花的過程中，古人也時時刻刻提醒自己身為君子的準則，這種精神上的自律品質，是值得我們敬佩的。

「海棠巢」與隱者心

堯舜時代有位賢人名為許由，相傳堯帝要把君位讓給他，他推辭不肯接受，逃在箕山下自耕自食；後來堯帝又想讓他做九州的長官，他跑到潁水邊洗耳，表示不願聽到這些話。

許由洗耳的故事頗受後代文人推重，這間接反映出中國傳統文化對於潔身自好的隱逸行為，基本上抱著一種寬容甚至偏向讚許的態度。而無論是蓮花還是「四君子」，似乎與君子相關的花卉大多都有點孤芳自賞的味道。因此，這些花卉與遺世獨立的隱士之間就自然而然地有了關聯。陶淵明與菊花、林逋與梅花之間都有著千絲萬縷的情緣，具體的內容我們將在本書的第三章中看到。

北宋詩人黃庭堅有詩名〈題潛峰閣〉，其中首句為「徐老海棠巢上」，據說這「海棠巢」屬於彼時一位名為徐佺的隱士。大隱隱於市，徐老安貧樂道，隱逸於藥肆之中。其尤愛海棠，住所處種有數株海棠，而又於海棠之上築屋結「巢」。每當家中有客人拜訪時，徐老就邀請客人到「海棠巢」中一坐，把酒言歡，風雅非常。

木末芙蓉花，山中發紅萼。澗戶寂無人，紛紛開且落。

王維的這首〈辛夷塢〉寫的是深山中默默開放的辛夷花。因為辛夷花含苞待放時的形狀很像荷花箭，又像毛筆，顏色也與荷花相似，因此王維稱其為「木末芙蓉花」是非常貼切的。辛夷花開放之時，顏色鮮豔，極有生命力，可惜卻無人觀賞；待花期過去，花瓣於山間紛紛揚揚飄落，美麗而寂寞。作此詩時王維已是晚年，在藍田輞川別墅過著半仕半隱的生活，從詩中可以看出他彼時矛盾的心態：一方面他迷戀自然界無聲的美好，故能在詩中營造出一種渾然天成般幽靜的境界；而另一方面，他對現實雖心懷不滿卻無能為力，因此字裡行間也透露出一絲絲隱約的苦悶。

王維的矛盾心境在古代文人中是很有代表性的。出世、入世，一直是中國古代士人舉棋不定的兩個方向。儒家積極的入世取向，促使讀書人擠破了頭也要做官從政；而道家超然的出世理想，則又是從古至今多少文人心靈的棲息之地。隱士對於花卉的偏愛，除了其本身對自然的推崇外，還由於一種自我精神的投射。以愛花之名，愛惜自己的名譽和理想，堅守最初的本心，這大約是所有愛花的隱逸者共同的人生追求吧！

君子為朋花為友

古人愛花，愛花之風姿，也愛花之靈性，愛之深，進而以花為友。明代著名文學家袁宏道正是一位用心擇花友之人：

> 夫取花如取友，山林奇逸之士，族迷於鹿豕，身蔽於豐草，吾雖欲友之而不可得。是故通邑大都之間，時流所共標共目，而指為雋士者，吾亦欲友之，取其近而易致也。余於諸花，取其近而易致者：入春為梅，為海棠；夏為牡丹，為芍藥，為石榴；秋為木樨，為蓮、菊；冬為蠟梅。一室之內，荀香何粉，迭為賓客。取之雖近，終不敢濫及凡卉。就使乏花，寧貯竹柏數枝以充之。

選擇花卉與選擇朋友是同樣的道理。於花友，袁宏道一年四季各有所愛，而無論春之海棠、夏之牡丹，還是秋之蓮、冬之蠟梅，或可治人情操，或可養人心性，或可正人品德，皆是文人所喜之名花，好比世人所敬之君子。袁宏道的擇「友」標準是十分嚴格的，如果沒有合適的花卉，他也不會自降格調使用那些庸俗的「凡卉」，寧可代之以竹柏。

《顏氏家訓》中說：「君子必慎交友焉。」古人極重交友，如果對方不是一位值得結交的君子，是不可能「匿怨而友其人」的；正如古人擇花，不符合品鑑標準的花卉，也是不會被看重的。

「四君子」之一的梅花大約是古代文人最易親近的朋友之一。古代文人將松、竹、梅合稱為「歲寒三友」，推崇其冰清玉潔、不畏嚴寒的高尚品質，這種提法直到現在仍然常被使用。而蘇軾曾言：「梅寒而秀，石文而醜，竹瘦而壽，是為三益之友。」梅花又在這「三益之友」中占了一席。所謂「益」，自然是有益於人的品性。所以愛梅之人，以梅為友，正似與君子為友，益處良多。

在萬物有靈論的觀念下，古人認為，既然人有好壞之分，花也有品德的差別。若以花為友、為賓客，則不得不先劃分其性格。宋代文人姚寬著《西溪叢語》，將各式花卉分為三十客：

牡丹為貴客，梅為清客，蘭為幽客，桃為夭客，杏為豔客，蓮為溪客，木樨為岩客，海棠為蜀客，躑躅為山客，梨為淡客，瑞香為閨客，菊為壽客，木芙蓉為醉客，酴醾為才客，蠟梅為寒客，瓊花為仙客，素馨為韻客，丁香為情客，葵為忠客，含笑為佞客，楊花為狂客，玫瑰為刺客，月季為痴客，木槿為時客，安石榴為村客，鼓子花為田客，棣棠為俗客，曼陀羅為惡客，孤燈為窮客，棠梨為鬼客。

其中大部分名稱褒貶之義顯而易見。所謂來者皆是客，但有些客是可以進一步深交的，比如貴客、清客；有些客就要慎重來往，比如佞客、狂客；還有些客，則必須敬而遠之，保持距離，比如俗客、惡客。同樣為花卉，人之態度卻差別巨大，這正是受君子、小人觀念影響的結果。比如「惡客」曼陀羅，雖然花朵本身十分美麗，但其含劇毒，會危害周遭的其他植物，人若不小心誤食，還有性命之憂。這樣的花朵，即使在西方的傳說中，也一直被賦予恐怖的色彩，中國古代冠其以惡名，也是理所當然的。與這樣的惡客來往，一不小心，恐怕會禍及自身，這與「近墨者黑」所說的小人不是有幾分相似嗎？

清人張潮《幽夢影》中有言：

梅令人高，蘭令人幽，菊令人野，蓮令人潔，春梅令人豔，牡丹令人豪，蕉與竹令人韻，秋海棠令人媚，松令人逸，桐令人清，柳令人感。

栽種花卉，說到底是一種審美追求，旨在陶冶心性。不同的花，會對人產生不同的影響。反過來說，養什麼樣的花或多或少反映出你是一個怎樣的人。君子為朋花為友，這樣的生活，真是令人心嚮往之。

第三節　感時花濺淚，恨別鳥驚心——花與情感

面對大自然的美好，我們常常會不由自主地從心底發出讚嘆。所謂審美，簡單地說就是這種欣賞、領會事物美的能力。而美是如此神奇，懷抱著不同的心理狀態，眼裡看到的美也會是截然不同的。即使觀賞的是同一盆花卉，有時我們會因花兒盛放的風姿而感覺心曠神怡、神清氣爽，有時我們也會因想到花期之短暫而感嘆生命之脆弱。賞花的人看的明明是花，卻往往看到自己心事的倒影。眼裡的花與心中的情感，就是如此無聲地發生著關聯。

國破山河在，城春草木深。
感時花濺淚，恨別鳥驚心。
烽火連三月，家書抵萬金。
白頭搔更短，渾欲不勝簪。

這是杜甫於「安史之亂」期間在長安所作的一首詩。彼時唐王朝正遭受一場大劫難，唐玄宗倉皇出逃之後，安史叛軍將都城長安洗劫一空，整座城市呈現出一種破敗的

樣貌。山河雖然依舊，卻已是國破家亡；春回大地時分，滿城卻盡是荒涼。愛國詩人杜甫眼見如此情景，不禁感到深深的憂傷。詩中「感時花濺淚，恨別鳥驚心」更是成為千古名句。這兩句詩運用了互文的手法，可以從兩個角度來理解：一是詩人因感傷時局、悵恨別離而不禁對花落淚，聽鳥鳴而感到驚心；二是將花、鳥擬人化，國家的分裂、國事的艱難使長安的花、鳥都為之落淚驚心。

無論哪一種理解，花、鳥的身上都凝聚著詩人厚重的情感，進而突出了詩歌所表達的亡國之悲、離別之痛。而這兩種理解正好代表著花與情感關聯的兩大方向——花木有情與寄託抒懷。

一草一木亦有情

「草木也知愁，韶華竟白頭。」這是《紅樓夢》中林黛玉詠柳絮詞的句子。

正如前文中一再提及的那樣，在古人眼裡，天下一草一木無不有情。飄飛的柳絮，於多情的詞人筆下，也知愁滋味。花木能夠感知人的情感，並透過自己的方式與人進行交流，這是中國古代文人所深信不疑的。

唐代南卓《羯鼓錄》中就記載了一則有趣的「羯鼓催花」的故事。羯鼓是一種從西域傳至中原的樂器，相傳唐玄宗十分喜愛演奏羯鼓。有一回，唐玄宗經過小殿內庭，見到柳杏含苞欲放，來了興致，便於庭中設宴備酒，並命太監高力士取來羯鼓。淺嘗小酌之後，玄宗臨軒擊鼓，演奏了一曲自制的〈春光好〉，演奏得十分盡興。待曲奏畢，他回頭一看，發現不知何時柳杏竟已盛放，彷佛要報答這美妙的音樂一般。見此情景，玄宗笑著對身邊的人說：「你們看，這事情多麼神奇啊，難道不該稱我為老天爺嗎？」

懂音樂的花木可不只柳杏而已，嬌豔秀麗的虞美人也是這方面的行家。北宋沈括的《夢溪筆談》中記載了這樣一則故事。

相傳四川有一種虞美人草，只要有人在它邊上演奏〈虞美人曲〉，它就會搖動枝葉，而演奏別的音樂時則一動不動。有一位名叫桑景舒的奇人，十分擅長音律，他聽說了這件事後就到當地試了試，發現虞美人的反應果然跟傳言所說的一模一樣。這奇特的現象引起了桑景舒的興趣，他認真研究了〈虞美人曲〉，之後決定再進行一次試驗。

幾天後，桑景舒又到了虞美人邊上，彈奏了另一首與〈虞美人曲〉的旋律完全不一樣的歌曲，沒想到，那虞美人竟然隨音樂聲翩然舞動起來！這就奇怪了，與〈虞美人曲〉明明毫不相似的音樂，虞美人為什麼會有反應呢？原來，桑景舒經過仔細研究，發現〈虞美人曲〉是典型的吳地之曲，於是他也用吳音製作了一首歌曲，雖然與〈虞美人曲〉旋律不一樣，但在創作律法上兩者是相通的。所以，虞美人能夠辨識的其實是吳音，而非某首特定的歌曲。

虞美人得名於楚霸王項羽的寵妃虞姬。這位頗有氣魄的奇女子於項羽兵敗垓下之時，拔劍自刎，以激勵項羽的鬥志。她死後，塚上開滿了鮮豔的紅花，後人認為那是虞姬的化身，便將之稱為「虞美人」。這麼一連結，那聽到吳音就能感應的虞美人草，恐怕是對那位於吳中起義的西楚霸王項羽念念不忘吧！

花草樹木與人之間真的能如此心意相通嗎？因為愛花的緣故，古人寧願相信花是有靈性的，倘若真心善待花木，花木一定能有所感知。宋代神宗皇帝就曾經歷過一件花木有靈性的奇事。

宋元豐年間，皇宮中種植著四棵名為鴨腳子的果樹，每棵都有兩臂合抱那麼粗壯。其中三棵位於翠芳亭的北邊，每年都能收穫不少果實，然而枝葉過於繁茂，地方又狹小，沒什麼可供玩樂的場所；另一棵種在太清樓的東邊，占地十分空曠，適合一邊觀賞果花，一邊遊玩，可是卻從來沒有開過一朵花，結過一個果子。

一次，宋神宗經過太清樓，看到那棵無果之樹，不禁感嘆道：「人在這世上總會有許多不順心的事情，就像這棵樹一樣啊！」大概那時候神宗皇帝正有些心煩，所以觸景生情吧，但他仍不忘告誡照料花木的園丁要好好善待這棵樹。誰知第二年，意想不到的事情發生了，這棵向來無果之樹竟然鮮花怒放，並且結了好些果子。神宗知道此事以後非常高興，立即命人在樹邊設宴，並將所結之果分予侍從，與之同樂。

這件事情記載在北宋何薳的《春渚紀聞》中，作者記載的態度十分嚴肅，採用的是史家筆法。也許在他看來，發生這樣的事情絕不是巧合，花木一定是感知到皇帝的心情才有所反應的。正是出於這種萬物有靈的價值觀，古人才能視花為美人，視花為君子，才能將自己的感情毫無保留地傾訴給那些花花草草。我們的花文化，也正是這樣一點一點發展起來的。

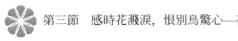

暫借詠花以抒懷

在以花卉為題材的文學藝術作品中，作者常常將自己的情感投射進創作的對象之中，故詠物詩總是多寄託之意。借助文學藝術的形式，古代士人們抒發自己的情懷、表達自己的情感，也留下了許多傳世名作。

似花還似非花，也無人惜從教墜。拋家傍路，思量卻是，無情有思。縈損柔腸，困酣嬌眼，欲開還閉。夢隨風萬里，尋郎去處，又還被鶯呼起。

不恨此花飛盡，恨西園、落紅難綴。曉來雨過，遺蹤何在？一池萍碎。春色三分，二分塵土，一分流水。細看來，不是楊花，點點是離人淚。

蘇東坡的這首〈水龍吟．次韻章質夫楊花詞〉可謂是詠物詞史上「壓倒古今」的名作。這是一首和韻之作，和的是蘇東坡之好友章質夫詠柳花的〈水龍吟〉。兩詞作看似主題不同，其實說的是同一樣事物——柳絮。當年隋煬帝開鑿運河時，曾命人在河岸邊廣種柳樹，並御賜其楊姓，故後來便將柳樹稱為「楊柳」。而柳花亦被叫做「楊花」，其實都是柳絮的別稱。楊花雖然名為花，但它既沒有豔麗的色彩，也沒有醉人的芬芳，跟人們印象中的一般花卉不大相同，因此，詞人才在詞的開篇說它似乎是花，卻又似乎不是花。落花總是會讓人感覺有些惋惜的，可這似花又非花的楊花，無論怎樣飄零飛盡，也沒有誰會在意，最後只能兩分歸於塵土，一分歸於流水，無聲無息地消逝在這世上。

這首詞的主旨就在嘆息楊花的飄零身世，在寫花之中，又夾雜描繪了一位思婦的形象，一時讓人難以分清究竟是在寫花，還是寫人。末句「細看來，不是楊花，點點是離人淚」更是匠心獨運，將那飄零的楊花比作離人的淚水，將離別的傷情渲染得淋漓盡致。據說這首詞創作於蘇東坡因「烏臺詩案」被貶黃州的第二年。彼時詞人正仕途坎坷，不但遭人誣陷而受牢獄之災，更被迫離開親友，在黃州擔任一個並無實權的官職。心灰意冷的詞人，就好似那漂泊的楊花，是一個孤單的離人。正因為有這樣感同身受的遭遇，蘇東坡才能借物以寓性情，將物之屬性與人之心情毫無痕跡地融合在了一起。

除了文學之外，繪畫也是古代士人寄託自己情懷的手段之一。明代著名文學家、書畫家徐渭是一位時代的「孤獨者」。民間有許多關於他的傳說，多是關於他的聰明才智，以及捉弄官員的事跡等。在現實生活中，徐渭的為人也很有爭議性，他曾經做過官，後在政治事件中受到牽連，發了瘋，結果因為殺了自己的妻子，在監獄中待了七年，經朋友營救才出獄。這樣的一個人，很有些「狂士」的色彩，而他的畫，也像他的為人一樣不拘小節。他畫畫的速度很快，並且常常喜歡使用潑墨的手法，將大攤的墨汁潑灑在紙上，再塗抹開來，畫風非常大膽而自由。他畫花卉，彷彿是在宣泄自己的感情，乍一看，似乎只是一團團墨汁和線條，細細觀賞，才發現那些花花草草都充滿著情感。他畫的菊、竹，都是他孤傲個性的寫照；他畫的芭蕉、葡萄，彷彿是淚水點點，滿是憂憤。

「芳樹無人花自落，春山一路馬空啼。」唐代詩人李華的〈春行即興〉借花落無人知抒發自己仕途坎坷的感慨，字裡行間透露著一種深深的孤獨。古往今來那些孤獨的文人，當他們在異鄉、在逆境，在無人處、在傷心時，幸好還有默默開放的花朵能夠相伴。趁著悵惘的夕陽，或是清冷的月光，不如小酌片刻，吟吟詩、作作畫，「暫憑杯酒長精神」，暫借詠花以抒懷吧。

落紅不是無情物

「居廟堂之高則憂其民，處江湖之遠則憂其君」，心懷天下的古代士人們，無論身在何處，始終將國家與人民掛在心頭。清道光時期的詩人龔自珍因厭惡黑暗的官場，辭官離京返回家鄉杭州，於途中創作了一組〈己亥雜詩〉，其中最有名的是第五首：

浩蕩離愁白日斜，吟鞭東指即天涯。落紅不是無情物，化作春泥更護花。

在這首名作中，詩人將自己比作落下枝頭的紅花，表明自己雖然辭官，但仍然會繼續關心國家的命運，為國盡心盡力。龔自珍是這麼說的，同時也是這麼做的。在鴉片戰爭爆發後，他曾多次寫信給駐防上海的江西巡撫梁章鉅，表明自己對國事的看法，並表達了希望加入梁的幕府的願望。可惜詩人年僅五十歲就英年早逝，最終沒能實現他為國為民的社會理想。

朝代更迭之時，往往是文學藝術興盛之時，那些被稱為前朝遺老的愛國文人，面對國破家亡，只能將自己滿腔的愛國之情傾注進文藝創作之中。而美麗如花，自然是他們喜愛採用的題材之一。

南宋滅亡之後，北方的蒙古人占領了中原，建立了元朝。由於元政府不重視文人，許多文人只能選擇退隱山林，將憂憤的心情透過吟詩作畫的方式表達出來。鄭思肖就是其中的一位。

鄭思肖的原名不詳，宋亡後，他立志效仿伯夷、叔齊不食周粟，不肯臣服於元政府的統治，自稱「孤臣」。「思肖」的意思其實是思「趙」，因為趙是宋的國姓，而肖又是趙的構成部分，所以鄭思肖為自己改了這個名字，而又取「憶翁」和「所南」為字號，都包含著懷念趙宋的意思。鄭思肖還把自己的居室題為「本穴世家」，如果將「本」下的「十」字移入「穴」字中間，就成了「大宋世家」。

鄭思肖尤善畫蘭花，但在宋亡之後，他畫蘭都既不畫根，也不畫土。旁人感到非常奇怪，就詢問他這樣做的原因。鄭思肖悲痛地說：「國家的土地已經被他人奪走了，你難道不知道嗎（地為番人奪去，汝不知耶）？」他還有一首詠菊花的名作，其中「寧可枝頭抱香死，何曾吹墮北風中」兩句，透過歌詠寧願枯死枝頭，也絕不被北風吹落的孤傲菊花，表達了自己不屈不移、忠於故國、絕不向元朝投降的決心。

失去國家的文人，就好像是沒有了根的花卉一樣，鄭思肖的這種沉痛心情恐怕只有有過同樣遭遇的人才能感同身受吧！鄭思肖的高尚節操很為後代的文人所敬服，由明入清的畫家「八大山人」朱耷在明亡之後削髮為僧，畫了一幅〈古梅圖〉，題詩中有一句「梅花畫裡思思肖」就表達了對鄭思肖的效仿。這幅〈古梅圖〉也像鄭思肖畫的蘭花一樣，不畫坡土。梅樹的主幹空心，虬根露出，光禿禿的枝幹上幾朵梅花寥落地盛開著，一副劫後餘生的模樣，正暗含著明朝國土被清人搶奪的意味。「墨點無多淚點多」，這是朱耷對自己繪畫風格的總結，他所畫的梅花，正承載了他沉重的亡國之悲。

第四節　年年歲歲花相似，歲歲年年人不同——花的寓意

花開有花期，花事更迭本身就蘊含著一種時間的寓意，這種寓意又首先表現在對時令的傳達上。春天總給人以生機勃勃之感：「忽然一夜清香發，散作乾坤萬里春」（王冕），這是早春的梅花；「竹外桃花三兩枝，春江水暖鴨先知」（蘇東坡），這是迎春的桃花；「燕子不歸春事晚，一汀煙雨杏花寒」（戴叔倫），這是沐春雨的杏花。春天的氣息似乎總是讓人歡喜的：「春風得意馬蹄疾，一日看盡長安花。」（孟郊）春日花開，對

於人們而言，就好似一種生命的希望。可是春天如此短暫，春花總有凋零的一天，這時，花的時間寓意中就多了一層關於生命的感傷。

唐代詩人劉希夷的〈代悲白頭翁〉就透過花事與人事變遷的對比，表達了對時間的理解：

洛陽城東桃李花，飛來飛去落誰家？
洛陽女兒好顏色，坐見落花長嘆息。
今年花落顏色改，明年花開復誰在？
已見松柏摧為薪，更聞桑田變成海。
古人無復洛城東，今人還對落花風。
年年歲歲花相似，歲歲年年人不同。
寄言全盛紅顏子，應憐半死白頭翁。
此翁白頭真可憐，伊昔紅顏美少年。
公子王孫芳樹下，清歌妙舞落花前。

光祿池臺文錦繡，將軍樓閣畫神仙。
一朝臥病無相識，三春行樂在誰邊？
宛轉蛾眉能幾時？須臾鶴髮亂如絲。
但看古來歌舞地，唯有黃昏鳥雀悲。

詩歌由一位少女嘆息落花開篇，表達了對春光將逝的感慨。春光固然美好，就好似美人的容顏，但時光易逝，青春易老。似乎一轉眼，常青的松柏就要化為枯柴，桑田也會變成滄海。自然的美景年復一年，可是人兒卻一年年地老去了。當年意氣風發的「紅顏美少年」，如今只是一個病懨懨的「白頭老翁」，無人理睬；當年行樂快活的歌舞場所，如今也只有鳥雀於黃昏時分悲啼幾聲了。

除了時間寓意，不同的花卉往往還有不同的象徵含義。我國的花文化源遠流長，而由花卉所代表的寓意，則滲透到人們日常生活的交際之中，是中華文明中重要的文化符號之一。

花中自有手足情

在以家庭為單位的中國古代社會中，人們極重視「孝悌」二字。其中，「孝」表示對父母孝順，「悌」則指對兄弟友愛。從古至今，中華民族一直強調手足之情。而在傳統文化中，有一種花卉正是這種寶貴情感的代表，那就是紫荊花。

在南朝吳均編撰的志怪小說集《續齊諧記》中，記載了一件關於紫荊樹的奇事。

相傳漢代京兆（現陝西長安）有一戶田姓人家，兄弟三人商議分家，要將家中的所有財產平均分成三份，每人一份。其他財物都好辦，唯有院子中的一棵紫荊樹不好均分。經過討論，田家兄弟決定將這棵紫荊樹劈開，分成三片。

第二天，三兄弟拿上工具，準備按計畫劈開樹木。誰知到樹前一看，昨天還好端端的紫荊樹，竟然在一夜之間枯死了，那樣子就像被大火燒過一樣。老大田真看到這情景，既驚訝又感慨，他對兩個弟弟說：「這棵樹本來是完整的，大概是因為聽說我們要把它劈開成三片，所以才憔悴至死吧！我們三兄弟本是一家人，如今卻要把家一分為三，身為人的我們真是連這棵樹都不如啊！」說完，田真悲傷得不能自已，兩個弟弟也感到十分慚愧。三兄弟當下決定不再分家，再也不砍樹了。這時，奇蹟出現了，那棵枯死的紫荊樹聽到這一切，忽然又死而復生，開出了美麗的紫荊花。三兄弟見此景，深受感動，更下定決心從此相親相愛。家和萬事興，後來，三兄弟齊心協力，一起治理家業，田家也漸漸越來越富裕，最終成了「孝門」。

這個故事流傳開來以後，紫荊樹便有了一個別稱——「兄弟樹」。古人常會在院子裡栽幾棵紫荊樹，來告誡自家的子女兄弟姐妹之間一定要團結友愛。唐代大詩人李白亦曾在他的〈上留田行〉一詩中以此事為典故，來諷刺肅宗兄弟不睦：「田氏倉卒骨肉分，青天白日摧紫荊。」而韋應物的〈見紫荊花〉則借寫紫荊表達自己對親人的思念：

雜英紛已積，含芳獨暮春。還如故園樹，忽憶故園人。

故鄉的那棵紫荊樹還好嗎？故鄉的兄弟們，你們還好嗎？詩人淡淡的筆墨之間蘊含著無盡的溫情，令讀詩之人也不禁要燃起想家的熾情了。

同樣與家庭相關的還有代表母親的萱草。古人常將父親居住的地方稱為「椿庭」，而將母親居住的地方（多於北堂）稱為「萱堂」。萱草還有個名稱為「忘憂草」，故古代每當遊子要離開家的時候，就會在母親居住的北堂附近種上萱草，希望這樣能減輕些許母親對自己的思念。唐代詩人孟郊的〈遊子吟〉非常有名，實際上他還作有一首〈遊子詩〉：

萱草生堂階，遊子行天涯。慈母倚堂門，不見萱草花。

詩中將萱草與母親緊密地連繫在一起，表達了慈母對遊子深沉的愛與遊子對慈母無限的思念。萱草春天枝葉翠綠，夏天花朵豔麗，十分惹人喜愛，故古代許多文人都曾以萱草花的茂盛來寄託希望母親健康長壽的美好願望。如宋代著名理學家朱熹的〈萱草〉，取萱草忘憂之意，希冀母親晚年無憂：

春條擁深翠，夏花明夕陰。北堂罕悴物，獨爾淡沖襟。

元代詩人王冕亦曾直接將對母親的祝願寄託於萱草花：

今朝風日好，堂前萱草花。持杯為母壽，所喜無喧譁。

父慈子孝，兄友弟恭，這是古代中國人關於家庭的終極理想。花中自有手足情，在花文化的浸染下，親情似乎也顯得更加親切而溫柔了，不是嗎？

紫薇花對紫微郎

節慶時分，人們常會在家中擺花幾盆以示喜慶，而此時花卉的選擇也是有講究的。

在諸多寓意吉祥的花木中，代表士大夫的紫薇花尤受古代文人之重視。

紫薇實際上有紅色、紫色、淡紅色、白色四個品種，但古人認為紫色的紫薇花最為正宗，故將之稱為「紫薇」。紫薇花與紫微星垣同音，字形也相似。而從漢代開始，「紫微」一詞就常用來比喻人世間帝王的居住地，也就是皇宮。作為政權的中樞部門，唐朝的中書省設在皇宮內部，故開元年間，朝廷將中書省改稱為「紫微省」，長官中書令則稱為「紫微令」。紫微省成立之後，天真爛漫的紫薇花因其諧音而被廣泛種植於省內。雖然短短幾年之後，朝廷又恢復中書省的稱呼，而將「紫微」這一名稱廢止，但嬌美的紫薇花卻已在皇宮之中廣泛地種植開來。至此，紫薇花與士大夫、與官職之間的關係也逐漸地確立起來。

歷史上一些曾任職於中書省的文人，都被冠以「紫微」（或「紫薇」）之稱。唐代著名詩人杜牧曾當過中書舍人，又曾作一首名為〈紫薇花〉的詩以自喻，當時人都稱其為「杜紫薇」；南宋詩人呂本中也曾供職中書省，他的一部詩話著作就因此題為《紫微詩話》；同樣擔任過中書舍人的白居易亦有〈紫薇花〉一詩，詩中將自己稱為「紫微郎」：

絲綸閣下文章靜，鐘鼓樓中刻漏長。獨坐黃昏誰是伴？紫薇花對紫微郎。

宋士大夫沿襲唐風，仍然喜歡在堂前種植紫薇花，這時紫薇花又有了一個雅緻的別稱——「滿堂紅」。這個吉祥的別稱及其本身與官職的密切關係，進一步使紫薇花象徵功名的寓意深入人心。宋王十朋有〈紫薇〉一詩：

盛夏綠遮眼，此花紅滿堂。自慚終日對，豈是紫微郎。

夏日盛開的紫薇花十分鮮豔，一種喜慶、吉祥的氣氛撲面而來。然而詩人筆鋒一轉，寫自己雖然終日面對象徵功名的紫薇花，卻始終沒有當上紫微郎，心裡感到十分慚愧。

古代讀書人往往將求取功名、進入仕途作為人生的唯一理想，因此，紫薇花受到喜愛也是理所當然的了。除了紫薇花以外，與功名有所關聯的還有杏花和桂花。相傳孔子講學的地方叫「杏壇」，而每年二月杏花開放時節，正是古代進士科考之時。在殿試中考中之人，皇帝會親自賜宴於「杏園」以示慶賀，因此杏花又有「及第花」的別名。古代科考有春秋兩試，杏花盛放於春試之時，而桂樹則於秋試前後開花，古人因此也將中試稱為「折桂」，寓意仕途飛黃騰達。

在傳統文化中，還有一些花卉也寓意吉祥。例如，菖蒲開花為大吉之兆，象徵將有貴人降臨。《梁書》中記載太祖張皇后曾看見院中菖蒲花開，光彩照人，那光芒似乎非人世間所有。她驚訝地問身邊的人是否也看見了那光芒，身邊的人卻都說沒看見。張皇后想了想，笑著說：「聽說見到菖蒲開花的人會大富大貴呀！」隨後她取菖蒲花吞服，當月就生下高祖皇帝。

紫薇嬌豔、菖蒲花開其實都只是自然現象，古人將其寓以吉祥之意，實際上表達了一種對美好生活的嚮往之情。在盛放的花兒的激勵之下，人們更努力在人生路上前進，堅信遠大的前程就在不遠處，這才是中國古人與吉祥花語之間綿延不絕的關聯。

堅貞不移看蘇鐵

相傳很久以前，一個人抓住了一隻美麗的金鳳凰。回家後，他把金鳳凰關在籠子裡飼養，並餵牠最好的食物，希望有一天金鳳凰能像孔雀開屏一般展開羽毛讓他欣賞。可是那隻金鳳凰非常倔強，不願成為人類的玩物，不管那人用什麼樣的方法，牠就是不肯展開羽毛。最後，那人終於失去了耐心，一氣之下將金鳳凰一把火活活燒死了。誰也沒想到的是，在大火過後，灰燼之中竟然長出了一棵小樹。

這就是關於「鐵樹」名稱由來的傳說，而緣因此傳說，鐵樹又被稱為「避火樹」。鐵樹的樹幹像鐵一樣堅硬，在中國傳統文化中，它象徵著一種堅貞不屈的鐵漢個性。

在中國北方地區，鐵樹每隔六十年才開一次花，因此有了「鐵樹開花」這一成語，用以形容非常難以實現的事情。鐵樹又稱「蘇鐵」，這一名稱得自宋代大文豪蘇東坡。

蘇東坡晚年仕途坎坷，為奸臣所害，一貶再貶，最後被貶到海南島上。那時的海南島，基本還是個未開發的蠻夷之地，不僅氣候難以忍受，甚至連文人生活的基本食宿條件都不能滿足。朝廷中的奸臣傳話給蘇東坡：「除非鐵樹開花，否則你別想從海南回來了。」

儘管條件艱苦，蘇東坡仍然保持著樂觀向上的心態，與當地居民建立了良好的友誼。加上他本來就頗負盛名，當地百姓都十分敬重他。有一天，鄰居的一位老人家讓兩個小夥子抬了一棵盆栽送給蘇東坡。蘇東坡沒見過這種植物，便詢問老人家它的名稱。老人告訴他那正是鐵樹，還說了金鳳凰堅貞不屈最終被火燒死變成鐵樹的傳說。蘇東坡這才恍然大悟，他看著鐵樹，心中感慨萬千：「我蘇東坡為人一向無愧於心。這棵鐵樹都不懼怕火焰焚身，我又何必擔心奸臣的誣陷呢？」

從此以後，蘇東坡愈加愛護這棵鐵樹，時時以它自勉。終於有一天，鐵樹奇蹟般地開出了花朵。而不久以後，竟從朝廷傳來了讓蘇東坡回京的詔令。

蘇東坡回中原時，依然帶著那棵鐵樹。從此以後，這種花木被人們稱為「蘇鐵」，以象徵蘇東坡在困境之中堅貞不移的個性。

第二章　日常生活中的花文化

愛美者戴花於髮間，文人插花以修身養性；無論貴賤，人人都愛看花、賞花；花卉進入民間飲食文化……雅緻中帶著些尋常人間氣息，世俗裡又多了點情趣，這就是日常生活中的花文化。

第一節　一朵佳人玉釵上——古人戴花

除了觀賞價值，花卉還有非常重要的裝飾價值。早在漢代，女子戴花的風俗就已經出現，至唐宋則大盛。古人又將戴花稱作「簪花」，唐人喜愛牡丹，唐代的貴族婦女有一種時髦的髮型名曰「簪花高髻」，就是將頭髮分層梳成高髻，髻旁插上玉簪，髻前再插一串珠步搖，最後於髮髻頂部戴上牡丹花等花卉。前言中提及的周昉〈簪花仕女圖〉

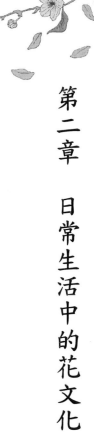

中的貴族婦女所梳的就是簪花高髻。

髮間戴花一兩朵，最能突出佳人之美，唐代詩人杜牧有詩〈山石榴〉：

似火山榴映小山，繁中能薄豔中閒。一朵佳人玉釵上，只疑燒卻翠雲鬟。

「山石榴」其實是杜鵑花的別稱，而「小山」則指小山眉。一朵火紅的杜鵑花插在玉釵之上，映照著美人彎彎的眉毛，那顏色鮮豔得彷彿一團火焰，簡直要將女子的美髮都燒著了。這樣的比喻似乎有些誇張，卻又極其生動，花兒經詩人幾筆勾勒，就活生生地展現在讀者面前；而紅花映美人，女子的美好容顏也被淋漓盡致地描繪出來。或人或花，都充滿著生命力，毫無保留地在晴日之下釋放自己的美好，難怪能令觀者在繁忙的世事中感知到一絲清閒呢！

更煩雲鬢插瓊英

古時候，蘇州、揚州一帶的女子尤其喜歡簪花於首，當時人稱其為「鬢邊香」。有些富裕的大戶人家，甚至會僱用固定的花農，每天清晨送鮮花到戶，以備家中女子早晨梳妝打扮之用，這種行為叫做「包花」，通常一月結一次花錢。

當時女子所戴之花品種繁多，新鮮的當季花卉都可以插戴，不過，其中最受南方女子歡迎的，莫過於盛放於夏季的茉莉花了。

宋人周密所編《武林舊事》即曾載彼時戴茉莉花風俗之盛：

> 都人避暑……而茉莉為最盛，初出時，其價甚穹，婦人簇戴，多至七插，所值數十券，不過供一餉之娛耳。

只不過為了一餉的美麗，婦人們甘心花費「數十券」購買茉莉花簪戴，其喜愛佩戴茉莉之情真是可見一斑。而清人王初桐所編《奩史》中轉載《板橋雜記》的紀錄，則同樣記載了當時女子爭先購買茉莉的情景：

> 裙屐少年，油頭半臂，至日亭午，則提籃挈榼，高聲唱賣逼汗草、茉莉花。嬌婢捲簾，攤錢爭買。頃之，烏雲堆雪，竟體芳香矣。

這段文字向我們展示了一幅生動的南國夏日民俗圖：正是盛夏正午，賣花的少年頂著烈日，即使穿著短袖衣服，依然大汗淋漓。就是在這樣炎熱的天氣中，他叫賣茉莉花的聲音引來無數女子，她們急急忙忙地掏出錢來，只為挑那開得最美的茉莉花。不一會兒，人人的烏黑髮髻上都戴上了雪白的茉莉花，芳香的氣息頓時瀰漫開來。

曾被貶至海南島的大文豪蘇東坡也注意到了當地女子喜愛佩戴茉莉的習俗。據傳，有一次他覺得黎族女子頭上戴著茉莉花、嘴裡嚼著檳榔的樣子很有意思，便作詩戲言「暗麝著人簪茉莉，紅潮登頰醉檳榔」，將黎族女子獨特的風韻生動地表現了出來。

清人李漁曾在其著作《閒情偶寄》中感慨道：「茉莉一花，單為助妝而設，其天生以媚婦人者乎！」可見茉莉花在女性中受歡迎程度之高。而其之所以受到女性的青睞，成為戴花之首選，與它雪白的花瓣、芬芳的香氣密不可分。夏秋之交，往往天氣炎熱，潔白如冰雪一般的茉莉花香氣清新，常常能給人一種清涼的感覺。宋代詩人范成大的詩句「燕寢香中暑氣清，更煩雲鬟插瓊英」，就將美人頭上的茉莉花與解暑消夏連繫在了一起。

一九四五十年代，著名軍旅作曲家何仿將採自於南京六合一帶的民歌彙編整理成一曲〈茉莉花〉。這首朗朗上口的民間小調，恰如其分地將女子喜愛佩戴茉莉的心情表達出來，至今仍然流行於大江南北：

好一朵美麗的茉莉花　好一朵美麗的茉莉花

芬芳美麗滿枝椏　又香又白人人誇
讓我來將你摘下　送給別人家　茉莉花呀茉莉花
好一朵美麗的茉莉花　好一朵美麗的茉莉花
芬芳美麗滿枝椏　又香又白人人誇
讓我來將你摘下　送給別人家　茉莉花呀茉莉花

菊花須插滿頭歸

清人趙翼在《陔餘叢考》中曾言：「今俗唯婦女簪花，古人則無有不簪花者。」所謂「古人」者，指的是明清以前的人。南宋詩人陸游有詩〈小舟游近村舍舟步歸〉：

不識如何喚作愁，東阡南陌且閒遊。兒童共道先生醉，折得黃花插滿頭。

詩人在鄉間閒遊逛蕩，興致來時，就隨手摘些花朵插在頭上。可見彼時，不僅女性愛戴花，男子也有簪花的習慣。實際上，這種風氣早在唐代就已經開始了。

唐宋時期男子戴花的現象大約源於重陽節插茱萸的習俗。古人習慣在重陽節頭戴茱萸以闢邪，當然，最初簪插茱萸的應該只有婦女與兒童，但到了唐代，這一現象發生了轉變。唐詩中有許多反映男子於重陽插茱萸的詩句，如李白的「九月茱萸熟，插鬢傷早白」，王昌齡的「茱萸插鬢花宜壽」等。

除了茱萸，許多唐人還會在重陽節這一日以菊花簪首，杜牧〈九日齊山登高〉中「塵世難逢開口笑，菊花須插滿頭歸」，鄭谷〈重陽夜旅懷〉中「強插黃花三兩枝，還圖一醉浸愁眉」等詩句都明確地表明了這一訊息。

男子戴花的習俗大盛於宋代。宋人王觀在《揚州芍藥譜》中曾言：「揚之人與西洛不異，無貴賤皆喜戴花。」確實，在宋代的許多地方，男女老少都喜歡戴花，特別是遊春時節。蘇東坡任職杭州期間，有一次設春宴於吉祥寺。吉祥寺的牡丹花十分有名，當時正值花期，席間人人都頭戴牡丹花。在〈牡丹記敘〉一文中，蘇東坡就記載了當時的盛況：「自輿臺皂隸皆插花以從，觀者數萬人。」他還寫有「人老簪花不自羞，花應羞上老人頭」（〈吉祥寺賞牡丹〉）的名句，表示無論什麼年紀，人人都有愛美之心。

還有不少宋代文人也記錄了當時無論男女皆愛戴花的習俗，邵伯溫的《邵氏見聞錄》就描繪了遊春之人的簪花盛況：

> 歲正月，梅已花，二月桃李雜花盛，三月牡丹開。於花盛處作園圃，四方伎藝舉集，都人仕女載酒爭出……抵暮遊花市，以筠籠賣花，雖貧者亦戴花飲酒相樂。

真是好一個熱鬧場景！在這樣的時候，無論貧富，無論長幼，人人都能夠盡情地享受美好春光，真應和了曾鞏「花開日日插花歸，酒盞歌喉處處隨」中所描繪的快樂呀！

唐宋兩代出現男子簪花的現象，也許與皇帝的喜好有些關係。據傳，有一次唐玄宗於春日遊宴，學士蘇頲賦詩助興，其中有一句「飛埃結紅霧，游蓋飄青雲」頗得聖心。於是，玄宗便賜花一朵以示獎賞，並親手將之插在蘇頲的頭巾上，旁人都羨慕不已。

還有一次，汝陽王李璡在玄宗面前戴著用研光絹製成的舞帽演奏曲子，玄宗親自摘了一朵紅槿花放在他的帽子上。李璡不慌不忙地演奏了一首〈舞山香〉，直到曲終之時，帽子上的花都不曾墜落。唐玄宗見此情景，開心地大笑起來。這大約開了男子以花為頭飾的先河吧。

《宋史．禮志》中也記載了宋代皇帝於上巳、重陽兩大節慶賜花的儀式：

> 酒五行，預宴官並與就次，賜花有差。少頃戴花畢，與宴官詣望闕位立，謝花再拜訖，復升就坐。

根據記載，不同官職所賜花卉不同，但所賜之花都須戴上，代表接受朝廷的賞賜，這也進一步推動了宋代男子戴花的流行。除了這樣固定的儀式，宋代皇帝隨興致賜花於大臣的現象也較唐代更為頻繁。宋真宗就曾多次賜花於臣。有一次，名臣寇準侍宴，真宗特地命他戴上千葉牡丹，並笑言：「寇準年少，正是賞花吃酒時也。」

還有一次，真宗要去泰山進行封禪大典，命陳堯叟、馬知節留守都城。留守都城可是重任，行前，真宗特意在宮中宴請兩人。而湊巧的是，席間陳、馬二人與真宗竟然都戴著牡丹花。真宗一邊笑談這巧合，一邊令陳堯叟摘掉頭上的花，並出人意料地將自己頭上的那一朵牡丹簪插於陳之髮間。真宗這麼做，主要是為了表達對大臣的重視之意。

男子簪花在宋以後就漸漸衰落了。整體來說，其簪花多為節慶、為禮儀，或取吉祥之意，但也有裝飾的意思。古人常以鮮花比美人，而唐時也有人以花比男子。據《資治通鑑》記載，當時有人稱讚武則天寵臣張昌宗的美貌：「六郎面似蓮花。」內史楊再思表示不贊成這種看法，張昌宗就問他為什麼，楊再思回答道：「乃蓮花似六郎耳。」今人有「花樣男子」的說法，原來古人早就這麼用了。

四相齊簪「金纏腰」

所謂「洛陽牡丹，揚州芍藥」，揚州的芍藥花是非常有名的。宋仁宗慶曆五年，韓琦任揚州太守。有一天，官署花園裡的一枝芍藥花分為四杈，每杈各開了一朵花。這四朵花的模樣很特別，花瓣上下都是紅色，中間卻有一圈金黃蕊。這一品種的芍藥花名為「金纏腰」，不僅十分美麗，而且據傳言，只要此花一開，城中就要出宰相。當時揚州的芍藥花雖多，卻還沒有這一品種。

韓琦雖對花開之異事感到十分驚訝，但得聞傳言，心中也有幾分歡喜。他決定舉行一場宴會，請三位客人一起觀賞這奇特的芍藥花，順便也應應這花的祥瑞之意。當時，同於大理寺供職的王珪、王安石兩人正好在揚州，韓琦就邀請了他們倆。還少一位客人，韓琦便邀請了一位鈐轄諸司使，權充四人之數。誰知第二天早晨，那位鈐轄諸司使忽然身體不適，不能赴宴，韓琦只好急忙派人打聽有沒有沿路經過的朝廷官員。碰巧大理寺丞陳升之路過揚州，聽說此事之後，欣然接受了韓琦的邀請。

這回四人之數總算齊整了。他們一邊賞花，一邊飲酒，隨意談笑著，氣氛十分融洽。等喝到酣暢時分，四人剪下四朵開得正好的「金纏腰」，各自簪戴在頭上。當時這也只是趁一時之興致的行為，誰能想到，在隨後的三十年裡，四位戴花之人竟然都相繼成為宰相，還真應了民間關於「金纏腰」的傳言了！

這件奇事被北宋文人沈括記進了《夢溪筆談．補筆談》之中，從此，「四相簪花」漸漸成為後代文人所津津樂道的傳奇了。

乾花　絨花　仿真花

鮮花自然是簪花之首選，然而，花開有時，不是所有季節都有豐富的鮮花可供簪戴選擇。因此，智慧的古人也想出了一些應對方法。比如冬日花少，宋代的婦女會在春末收集一些盛開的荼蘼花，夾在書頁之中，等到冬天來了，將乾花簪於髮間，這種荼蘼乾花還有個專門的名字——「花臘」。

除了乾花，仿真花也是一些女性的選擇。特別是明清時期，仿真花製作工藝十分精良。李漁在《閒情偶寄》裡就記載了有的商家製作的仿真花不但成本低廉，而且手工精巧，唯妙唯肖，簡直與真花沒什麼差別：

近日吳門所製像生花，窮精極巧，與樹頭摘下者無異，純用通草，每朵不過數文，可備月餘之用。

到了近代，最受女性們歡迎的，則是絨花。這種裝飾物以蠶絲為原料，純手工製作，前後須經過十餘道工序才能完成。李真的《廣陵禁煙記》中就記述了揚州人喜戴絨花的盛況：

城裡人家中有紅白喜事或是逢年過節，婦女頭上興戴花，就戴這種絨花。……用絲絨花兒插在頭上，既美觀，又能表達意思。比如家中有人做壽，頭上就插紅壽字絨花；家中有人成婚，便插雙喜絨花……製作非常精巧，形態十分逼真，花錢也少，可以放置幾年不變色。

由於不同樣式的絨花能夠表達不同含義，因此較之真花，它反而更直白地傳達出某些文化的訊息。而無論戴真花還是戴絨花，戴花之人所求的，無非是一份美麗的好心情。愛美是一種天性，生命正因美麗而綻放。

第二節　莫將攀折為花愁——文人插花

「插花」一詞，最初的含義指的是本章第一節中所說的頭上戴花的現象，如宋歐陽脩在《洛陽牡丹記》中所說：「洛陽之俗，大抵好花。春時城中，無貴賤皆插花，雖負擔者亦然。」這裡的「插花」，即指洛陽城中無論貧富貴賤，都喜歡戴花的風俗。

今日所謂「插花」，是指以鮮花為材料，置於瓶、盆等容器中水養，以作裝飾、觀賞之用途。中國古代這種插花藝術的產生，大約是受到南北朝時期佛前供花習俗的影響。《南史》中曾有記載：「有獻蓮花供佛者，眾僧以銅罌盛水，漬其莖，欲花不萎。」銅罌，是古時候一種小口大腹的容器，將蓮花放置在容器之中水養，使花不枯萎，與今日插花的做法已經十分相似。宋代士大夫將掛畫、插花、焚香、點茶合稱「四藝」，作為文人雅士生活的重要內容。從此以後，插花藝術漸漸成為文人士大夫生活中不可或缺的一部分。

滿插瓶花罷出遊，莫將攀折為花愁。不知燭照香薰看，何似風吹雨打休。

插花必先折花，宋代詩人范成大的這首〈春來風雨，無一日好晴，因賦瓶花二絕〉

正恰到好處地將文人對於折花以插花這種行為的態度表達出來：雖是春日，室外卻一直颳風下雨，不見一日好天氣。這樣的時候，詩人便不出外遊玩，而是在家中欣賞那些精心插置的瓶花，感覺別有一番趣味。大概有人會認為瓶花遭人攀折十分愁苦吧，可在室內有溫暖的燭光照著、柔和的香氣熏著，比起在室外遭受無休止的風吹雨打，應當好上許多倍吧！

袁氏《瓶史》養插花

鮮花盛放於枝頭，自然十分惹人喜愛，而文人將其攀折，插於瓷瓶之中，安放在室內，也使得鮮花獲得了另一種生命。在中國古代，插花藝術不僅能夠造成美化室內環境的作用，同時也是文人士大夫修養心性的重要手段。在插花藝術逐漸成熟的過程中，文人的創作主體性也一再增強。自然生長的花卉，經過獨具匠心的擇取、修剪、擺放，往往可以構成一個屬於文人的獨特的藝術世界。

倡導「性靈說」的明代文人袁宏道顯然是位插花愛好者，他曾著《瓶史》一書，以極其優美靈動的文字，詳細論述了瓶花的插法及相關注意事項。

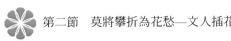

工欲善其事，必先利其器。袁宏道認為，插花的器具非常重要，正如楊玉環、趙飛燕這樣的美女不能居住在破舊的茅屋中一般，美麗的花朵也必須有精緻的器具加以襯托，方可使審美效果達到最大化。

那麼，什麼樣的器具適合插花呢？袁宏道曾見過江南人家所藏的一種舊觚，青翠入骨，氣質上乘，真可稱作「花之金屋」了，可遇不可求。而官窯中所產瓷器，體態細媚，光澤滋潤，則可為其次之選，袁氏稱之為「花神之精舍」。

整體來說，插花的瓶器以矮小為宜，無論是銅器還是窯器，插花者都須挑選那些形狀短小的瓶器，這樣才不易喧賓奪主，搶走花卉的風采。不過，袁宏道也指出，花卉的大小不同，瓶子大小也應適當調整，比如牡丹、芍藥、蓮花等花卉，本身形體就偏大，這時硬要將其裝在矮小的瓶器中，就顯得太侷促了。

當時的文人插花喜歡挑一些古瓶器，對此，袁氏也有自己的見解。他認為，古瓶器插花不只是為了賞玩古瓶器，對於花卉本身的生長也是非常有益的：古瓶器在土中埋藏的時間比較久，故「受土氣深」，在這種「土氣」的影響下，瓶中花卉的顏色鮮明得就好像還長在樹枝上一般，花開得迅速而不易凋謝。

除了插花的器具，袁宏道還十分重視養花之水的品質。他主張多儲藏梅雨季節的雨水，還記錄下了儲藏水的方法：甕中儲滿水後，於其中投一塊燒熱的煤土，這樣甕中的水就能經年不壞，不但可以用來養花，也是烹茶的上佳選擇。

瓶與水挑選完畢，接下來就是插花的實際操作過程。文人插花發展到明代，已經相當成熟，與繪畫、文學之間的關係也十分緊密。袁宏道在論及插花過程時，即將插花與兩者相連繫。

他認為，「插花不可太繁，亦不可太瘦」，最多不過兩三種，得像繪畫布局一般，注意花枝之間高低疏密的安排。他還提到，插花的「整齊」，並非呆板地追求「枝葉相當，紅白相配」這樣形式上的對稱，而應強調「參差不倫，意態天然」，正如蘇軾的文章、李白的詩歌，雖然表面上隨意斷續、不拘對偶，但其氣質上渾然一體，這才是真正的「整齊」。無論是插花，還是文學，袁氏在精神追求上其實都是一致的。

花插得好固然重要，插花放置的地方同樣也有講究。為了突出花卉本身的美，袁宏道認為，凡是那些裝飾得太過富麗堂皇的桌、床、瓶架之類，都不宜使用，只要一張闊厚而細滑的桌、一張藤床即可。如此雖極簡，卻能不俗而雅，為上乘之選。

當時許多人喜歡在插花附近焚香，袁宏道對此不太贊同。他以為插花旁邊不宜焚香，就如同茶中不宜加果子的道理一樣。茶本來有它的味道，加了果子反而將其破壞；花本身有它的香味，一旁熏香味道太盛，容易蓋掉花香，倒顯得俗氣。更有一些嬌弱的花卉，受不了熏香那燥熱的香氣，往往容易枯萎，這麼一來，熏香反而成為傷花殺花的刀劍了。因此，袁氏將這種行為稱之為「花祟」，也就是花的災禍的意思。

京城氣候多變，常有風沙。剛剛窗明几淨的室內，大風一過，便是塵埃遍地，而瓶中的插花也因而容易蒙上塵垢。即使是傾國的佳人，倘若垢面穢膚，美麗也減分不少，花卉也是一樣道理。因此，袁宏道主張待花應像待人一般，每天都須為花沐浴。而沐浴的方法則是以清澈的泉水輕輕澆注花枝，就如同細雨、清露滋潤一般。手法一定要輕柔，且不可以直接用手觸碰花枝，以免對花卉造成損害。

講究生活情調的袁宏道還為不同的花卉配備了不同洗浴者的建議，比如為牡丹、芍藥沐浴的最好是妝容精緻的妙齡女郎，為蠟梅沐浴的最好是清瘦的僧人等，讀來也十分有趣。

《瓶史》一書，整體說來，就是講究對瓶插之花要養護。只有養花者用心照料，花兒的生命才能盡可能地延長，花兒的光彩才能盡情地綻放，這是花兒的樂事，也是賞花之人的樂事！

閒情插花來記趣

折得寒香日暮歸，銅瓶添水養橫枝。書窗一夜月初滿，卻似小溪清淺時。

在宋代詩人晁公溯的這首〈詠銅瓶中梅〉中，銅瓶中之梅花與或濃或淡的月光交相輝映，一方書齋內，自然之美與文人的書卷氣完美地融合在一起，意境極佳。古代文人愛插花，就是因為這小小的一尊瓶花讓他們感受到生命的美好，帶給他們無限的快樂。

除了袁宏道，清代文人沈復也「愛花成癖」，愛插花，「喜剪盆樹」。他所著《浮生六記》中的〈閒情記趣〉一節就花了人段篇幅詳細地記錄了自己插花與養盆栽的心得，在古代愛花文人中很有代表性。

瓶插在文人群體中流行，除了美觀之外，也因為其操作起來比較方便，不像盆栽占地面積較大，而且對於種植技術的要求也比較低。沈復累積了不少關於瓶插的經驗。他認為花瓶應該選擇那些瓶口闊大的，這樣瓶中的花枝方能舒展開來生長，創作者也比較有發揮的空間。對於花卉的選擇，則每瓶花卉數目最好是單數，而不是雙數；最好選擇一個種類的兩種顏色。

沈復強調插花「起把宜緊」。所謂「緊」，就是說花束不管是三五枝，或者幾十枝，務必要使一束花在瓶口保持怒放的姿態，不可過於散漫，也不可過於擁擠，花枝要能不靠著瓶口就更妙了。這樣設計，是為了使得插花能夠主題鮮明，給人以眼前一亮的印象。

對於插花的風格，沈復認為可由創作者自己發揮，但擺花要參差相錯，花朵中間綴以花蕊，以避免過於呆板僵硬的感覺。「瓶口宜清」，即要保持瓶口的整潔印象，不要選擇那些雜亂的葉子和枝幹，用針的時候要注意隱藏，如果針太長，寧可折斷，以免一眼望去，針針暴露在外，影響整體美感。

如果採用廣口器皿插花，如盆、碗、盤、洗之類，則又有不同的注意事項。沈復提供的方法是先將漂青、松香、榆樹皮，加以和油研磨，用稻灰之火慢慢熬煉，使之收成膠狀；然後倒入廣口器皿中，讓膠凝結在容器底部；接下來，以針穿銅片置於容器中，針尖朝上；再用油燈烘烤，使容器底部的膠體熔化，這樣銅片就固定在器皿之中了；等膠體再度冷卻時，即可插花。

廣口器皿插花時，應先將花用鐵絲紮成一把，再插於銅片的針上，不要放在正中央的地方，稍稍偏斜更有意蘊。由於廣口器皿本身占地面積大，花枝的擺放切忌擁擠，而應追求枝疏葉清，這樣能使整個作品更顯大氣，也給觀賞者留下想像的空間。當然需求注意的是，為了突出花卉的自然美，必須適當地抹去人為造作的痕跡。對此，沈復提出了一個好方法：在盆中加入水，再用一碗沙將盆底的銅片遮住。這樣賞花之人就會感覺花好像是從盆底自然生長出來的一樣。

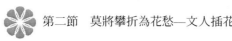

在文章中，沈復還提到，與草本植物相對的木本植物（如竹枝等），因其根莖較為粗大，插瓶時又與一般花卉不同，要特別重視選材、剪裁，這一過程最好自己動手，因為旁人攀折的往往很難合意。選材時，先要將花枝執於手中，從各個角度仔細觀察審視，以便選出最適宜造型的材料。選定插花的材料之後，還要剪去花枝上的雜枝，形態以疏瘦古怪為最佳，這樣最能展現出木本植物的特質。

接下來，創作者則要思考如何將花枝入瓶為好，其中最重要的問題就是整體與局部的關係。如果先直接將筆直的花枝放進瓶中，必然會形成枝條繁亂、花側葉背的整體效果，這當然會影響插花的審美效果。因此，在入瓶之前，創作者就應先選擇好或折或曲的花枝，思考清楚如何搭配，再一齊插入瓶口。如果花枝本身的形態不太理想，則可以先行加工，或鋸掉過長的部分，或將過直的部分搗彎，然後再進行搭配。有時花枝容易傾倒，沈復建議可以加上一兩個小釘以便造成固定的效果。

除了花卉本身，沈復也十分注意瓶盆中其他景物的襯托效果。對於盆栽，他特別喜歡在盆中放置石子，有些精心設計之後竟成為假山之景。有一次，沈復家中的貓爭搶食物，不小心碰倒一盆假山，盆中植物連同費心搭配的石子，全都傾撒在地。見此情景，沈復和妻子藝娘兩人都傷心得掉下眼淚來，其愛惜之情，可見一斑。

至於瓶花，裝飾之物則更加有趣。一天，藝娘對沈復說：「你的插花能夠展現出風晴雨露的特徵，可算是相當精妙傳神了。不過，在畫畫的技巧中有畫草蟲的方法，你在插花時怎麼不效仿呢？」

沈復覺得這個主意聽著不錯，但操作起來困難很大，便說：「可是蟲在插花上是會跑來跑去的，這跟畫畫怎麼一樣呢？」

藝娘聽了這話，想了想，有點猶豫地說：「我倒是有個辦法，就是那麼做有點罪過。」

「妳不妨說說吧。」沈復說。

藝娘這才開口說：「蟲子死了之後顏色不會變化，你可以捉些螳螂、知了、蝴蝶之類的昆蟲，先用針把它們刺死，然後用細絲繫住蟲的頸部，再將它們綁在花草當中，整理好腿的姿態，有的抱著花枝，有的站在葉子上，就好像活的一樣，這樣不也很好嗎？」

沈復聽了這方法之後十分高興，立刻照辦，從此，他的瓶插作品中又多了一景——草蟲。賞花的賓客見到這個巧思，沒有一個不拍手稱絕的。

第三節　尋芳不覺醉流霞——賞花習俗

賞花之人，與被賞之花之間，其實常常會有一種靈犀一點通的默契。賞花之人看花，讚嘆花兒的美好，念及生命的真諦，反思自己的人生，順理成章；被賞之花綻放，遇見欣賞自己的知音，默默接受著無聲的安慰，在心靈與心靈的交流中，完滿一生。

賞花，有人願意酒賞，「有花無酒頭慵舉，有酒無花眼倦開」——賞花的時候沒有酒喝，腦袋昏沉得抬不起來；飲酒的時候沒有花賞，眼皮疲倦得都張不開——對花飲酒，是一種張揚。也有人認為酒後神志不清、杯盤狼藉的景象是對花朵的不尊重，則更願意茗賞，一邊沏茶淺飲，一邊評點時花——對花品茶，是一種風雅。但無論哪一種方式，都是在與花交談：那些在花前品茶的，是願意在塵世中保持清醒的靈魂；而那些在花下微酣的，則是放肆地陶醉的情感宣泄。

尋芳不覺醉流霞，倚樹沉眠日已斜。客散酒醒深夜後，更持紅燭賞殘花。

李商隱的這首〈花下醉〉，詩題中就點出了飲酒賞花的主題。因為愛花，所以詩人懷著殷切的心情去「尋芳」，結果果然遇到心儀的花兒，不禁流連忘返，陶醉不已。「流霞」，既有浮動的彩雲之意，又是神話傳說中的一種仙酒。詩中的「醉流霞」一語雙關，既指詩人因甘甜的美酒而醉，又暗喻絢爛的花朵燦若彩雲，使人陶醉。

花兒迷人的姿態似乎增加了美酒的濃度，使賞花的詩人更加飄飄然；而些許醉意也使花兒的美豔又增添了幾分。詩人醉眼看花，目眩神迷，忘乎其所在，竟在不經意間倚著大樹陷入沉眠。一恍惚，日已斜，似幻若真的夢境中也滿是醉人的花香。待醒來時分，已是深夜，花事闌珊，客人們都四處散去，酒也醒了大半。

夜深人靜，獨自一人的詩人忽然想到，白日那盛放的花朵，也許明日就將凋謝了吧。他惋惜，他感慨，於是，他持起紅燭，抓住最後的機會欣賞那行將消逝的美好。即將凋零的殘花，在紅燭的照映下，更煥發出一種醉人的豔麗，那是生命在最後時刻用盡全力的瀟灑。

游春共享賞花宴

瓶花固然美觀，但在花兒盛放的好時節，愛花之人怎麼甘心枯坐於家中，辜負大好春光呢？這時，出外賞花、游宴就成了人們最常參與的活動。有些宴席因為流行程度高，甚至有了固定的名稱，比如唐代的曲江宴和裙幄宴。

曲江宴是一種官方組織的游宴活動。唐代新科進士正式放榜的日子恰好在百花齊放的春日，新晉的進士們寒窗十年，此時金榜高中，正是意氣風發，與春日生機勃勃的氛圍十分契合。他們在謁見過主考官和宰相之後，一般會按照慣例在長安曲江附近舉行宴集活動。因為舉行宴會的地點一般都設在曲江岸邊杏園的亭子中，所以曲江宴也叫「杏園宴」。有時皇帝也會親臨曲江宴，與新科進士們一邊觀賞繁花盛開的春日勝景，一邊談天說地、論古道今，瀟灑非常。

曲江游宴中有一項非常著名的活動，即「杏園探花」。新科進士中年紀最輕的兩人往往會成為「探花使」，由他倆先行，其他進士緊隨其後，各自驅馬，遊遍曲江附近乃至長安的各處著名園林，去尋覓新鮮的名花，並採摘回來供大家玩賞。一般的規矩是，最後大家返回杏園，檢點所摘花卉，如果進士中有比「探花使」更早摘回名花的人，那麼兩位「探花使」就得受罰飲酒。

唐代詩人孟郊多次參加科考，屢試不中，最後終於在四十六歲之時進士及第，並與眾進士一起參加曲江宴。那時候，孟郊心中的欣喜之情自然是不言而喻的吧，他曾作〈登科後〉一詩，詩中就記錄了曲江宴上杏園探花的情景：

昔日齷齪不足誇，今朝放蕩思無涯。春風得意馬蹄疾，一日看盡長安花。

年紀不小的孟郊應該是沒資格角逐「探花郎」了，不過他仍然十分盡興地參與了杏園探花的活動。春風得意的新科進士與長安城裡盛放的繁花相呼應，正展現了蓬勃向上的盛唐氣象。

除了曲江宴，唐代開元至天寶年間，在仕女們中間還十分流行一種雅緻有趣的「裙幄宴」。與曲江宴的主角是新科進士不同，裙幄宴的主角們都是女性。大約在三月三上巳節前後，長安的仕女們會趁著明媚的春光，約上三五閨中好友，坐著華麗的馬車，帶上侍從和精緻的美酒佳餚，到野外選擇一處視野好的地方郊遊踏青。

參加郊遊的仕女們經常會相互「鬥花」，即比賽誰佩戴的鮮花更美麗、更名貴。富家女子們為了能在「鬥花」中拔得頭籌，事先往往不惜花費重金購買名貴花卉。試想當時，錦衣華服的佳人們頭戴名貴鮮豔的花朵，成群結隊地穿梭在繁花叢中，與花兒們爭奇鬥豔，那動人的歡聲笑語就灑在和煦的春風之中，這景象多麼令人心醉！

遊玩盡興之後，仕女們就在花前擺開宴席。或清茗共賞，或小酌幾杯，三三兩兩，席地而坐，彷彿今日的野餐。她們命隨從在四周插上竹竿，將罩裙連結起來掛在竹竿之上，權作臨時的宴飲幕帳，以便遮蔽漸漸強烈起來的陽光。那些紅的、藍的、紫的「裙幄」，映照著青翠的草地和碧綠的江水，更顯得五彩繽紛、美麗非常。這就是「裙幄宴」得名的由來。

「裙幄宴」的事跡記載於《開元天寶遺事》，而書中還記載了另一則關於花宴的逸事。據說唐代有個學士名為許慎選，是個極愛賞花的人。每年春日時節，他都要在花圃裡擺設露天宴席，邀請親朋好友一同賞花。與他人所設宴席不同的是，不拘小節的許慎選從來都不陳設坐具。曾有人問他：「你既然設花宴邀請大家，怎麼不設置坐具呢？」他笑著回答道：「我有天然的『花裀』，何必再要那些普通的坐具呢？」「裀」的意思就是坐臥的器具。原來，許慎選每次都事先讓僕人收集花園裡掉落的花瓣，鋪在地上當坐墊，再請客人坐在那些花瓣上，這不正是天然的「花裀」嗎？

同樣風雅的花宴還有《誠齋雜記》中提及的「飛英會」。相傳范鎮范蜀公在許下居住的時候，建造了一個很大的廳堂，題匾額為「長嘯」，堂內能容納十多個客人。長嘯堂前種有荼蘼花，花開之時，范蜀公在花下宴請客人一同賞花。席間，大家相互約定，如果飛花落在誰的酒杯中，誰就要罰酒一杯。誰知正說笑著，忽然一陣微風拂過，花瓣紛紛飛落，席上客人的酒杯中都多了幾片荼蘼花瓣，結果所有人只好一起舉杯。古代有用「英」字指代花的傳統，因此後人就將這次宴會稱為「飛英會」。

百花生日是良辰

除了平日賞花之外，古人還有過花朝節的習俗。花朝節，簡稱「花朝」，俗稱「花神節」、「百花生日」、「花神生日」、「挑菜節」，節期因時代、地域不同而說法不一。比如，晉人周處所撰的《風土記》一書有載：

浙間風俗言春序正中，百花競放，乃遊賞之時，花朝月夕，世所常言。

春序正中就是農曆二月十五日，古人認為二月和八月是春天和秋天的中間，所以相對應地將二月半稱為花朝，而八月半稱為月夕。南宋吳自牧《夢粱錄》中也說：

仲春十五日為花朝節，浙間風俗以為春序正中、百花爭放之時，最堪遊賞。

而清光緒《光山縣志》則記載了河南光山一帶過大、小花朝節的習俗：

二月二日，俗云「小花朝」，十五日云「大花朝」。

清人汪灝的《廣群芳譜》則分別援引《誠齋詩話》和《翰墨記》，記錄了二月十二日和二月二日兩種說法：

東京二月十二日花朝，為撲蝶會。

洛陽風俗，以二月二日為花朝節。士庶遊玩，又為「挑菜節」。

這種現象的產生，應該與各地花信的早遲有關。

整體來說，花朝節在公曆中的日期是三月份，大致在節氣驚蟄到春分之間。這正是春回大地，萬物復蘇的時候，許多花卉含苞待放，古人將之定為「百花生日」是十分恰當的。在這一天，親朋好友往往相邀出外賞花踏青，有些地方的人們還要到花神廟去燒香，以祈求花神降福，保佑花木茂盛。

百花生日是良辰，未到花朝一半春。萬紫千紅披錦繡，尚勞點綴賀花神。

文人墨客對著繁花似錦的景色，自然會產生吟詩作對的雅興。上引詩歌所描繪的是舊時江南一帶在花朝節的晚上在花枝上掛花神燈慶賀百花生日的情景，姹紫嫣紅，火樹銀花，真是盛況。在古詩詞中還有許多關於花朝節的歌詠。如南朝梁元帝的「花朝月夜動春心，誰忍相思不相見」，江總「詰曉三春暮，新雨百花朝」，唐方干的「花朝連郭霧，雪夜隔湖鏡」，清進士洪亮吉的「今朝花朝無一花，今夕月夕亦無月」等。

除了點花神燈，各個地方還有不同的花朝節賞花習俗。在東北地區，人們會為花神設置神位，祭以素饌；而在洛陽，不論是達官貴人，還是市井百姓，都會在花朝節這一天去龍門石窟一帶遊玩，品賞時花，挑食野菜。而據明人馬中錫《宣府志》所載：「花朝節，城中婦女剪綵為花，插之鬢髻，以為應節。」到了清代，還有年輕女子剪五彩色帶黏在花枝上，這種習俗叫做「賞紅」。清人張春華有〈滬城歲事衢歌〉一詩，就記錄了「賞紅」的風俗：

春到花朝染碧叢，枝梢剪綵裊東風。蒸霞五色飛晴塢，畫閣開尊助賞紅。

節慶時分，一般都有宴飲活動。花朝節這一日，「鬥花會」、「撲蝶會」等都是十分流行的名目。在廣西等少數民族地區，還有一些青年男女在花朝節這天對歌傳情，互拋繡球，歌中一般有頌揚百花仙子的內容。

◎武則天像

花朝節在民間的流行，與皇家的喜好也有關係。據傳武則天嗜花成癖，十分重視花朝節。每到花朝節這一天，她都會令宮女採集百花，和米一起搗碎，蒸製成糕，用花糕來賞賜群臣。而慈禧太后執政時期，清宮內也有非常講究的「花朝宴」。太監們會事先在頤和園中用紅、黃綢條裝扮牡丹花叢，以便節慶當日慈禧太后能夠在滿園春色中一邊品嘗用花卉做的點心，一邊觀看以花神慶壽為題材的戲曲表演。

關於花朝節的來歷，唐人還有一個美麗的傳說。

據傳天寶年間，有個叫做崔玄微的人，愛花如命，遠近聞名。一個春日的夜晚，崔玄微家中的花園裡來了一群國色天香的美女，說是要去十八姨家做客，路過這裡。話音剛落，那位十八姨也來了，崔玄微趕忙以酒宴招待諸位客人。席間，十八姨舉止十分傲慢，還翻酒玷汙了一位名為石醋醋的女子的衣裙，醋醋一怒之下，拂袖而去，聚會不歡而散。

第二天晚上，那群女子又來拜訪崔玄微，述說她們被惡風所困，本想找十八姨幫忙，結果昨晚得罪了她，所以希望崔玄微能助她們一臂之力。崔玄微自然當仁不讓，遵照女子們的指示，在二月二十一日五更時分，於花園東邊內懸掛畫著日月五星的朱幡。當夜狂風大作，而崔家花園的繁花卻紋絲不動，一朵也沒有被吹落。崔玄微這才明白過來，原來，那一群美女就是繁花之精，而那位十八姨則無疑是風神。

這麼看來，花朝節應該是懸彩護花的節日。然而正如前文所提及的那樣，古人在花枝上懸掛綵帶，不僅僅為護花，更為慶賀花神的誕辰。此外，也有人認為花朝節的由來和發展與佛教有著密切的關聯，因為赴會進香、祭神拜佛也是花朝節期間的重要活動。

第四節　夕餐秋菊之落英——花與飲食

以花卉為食物有著非常悠久的歷史。據《呂氏春秋・本味篇》記載，商朝初期輔政大臣伊尹曾以食物為比喻，向湯王表述自己的政治主張。其中，當他提到「菜之美者」時，曾這樣描述：

菜之美者，崑崙之蘋，壽木之華；指姑之東，中容之國，有赤木、玄木之味焉；余瞀之南，南極之崖，有菜，其名曰嘉樹，其色若碧。陽華之藝，雲夢之芹，具區之菁，浸淵之草，名曰土英。

在這裡，伊尹提及了各種植物。其中，「壽木之華」指的是不死之樹的花，「具區之菁」指的是韭菜的花，而伊尹將之列入「菜之美者」，可見商朝人已將一些花卉列入可食用蔬菜的範疇，而且屬於較為名貴的蔬菜。

而更加直接地提及將花卉作為飲食的先秦文獻當屬《楚辭》。〈離騷〉有句「朝飲木蘭之墜露兮，夕餐秋菊之落英」，這裡「落英」的意思是初開的花，詩人直接以新生的菊花為食；《九章・惜誦》有句「播江離與滋菊兮，原春日以為糗芳」，「江離」是一種香草，「糗芳」則指芳香的乾糧，詩人將菊花、香草與糧食摻雜在一起做成乾糧食用；《九歌．東皇太一》有句「蕙肴蒸兮蘭藉，奠桂酒兮椒漿」，「蕙」、「蘭」都是香草，同屬蘭科植物，「肴蒸」指古代的一種肉食，詩人用蕙草包著肉食放在蘭草編織的墊子上，用以祭祀神靈。

在中國古代，花卉與飲食的關係是十分密切的。以花入饌，不僅取花之香、味，還能夠造成強身健體、延年益壽的保健作用，同時又有風雅的文化內涵，因此尤為古代文人所喜愛。

老夫自要嚼梅花

古人相信鮮花集合了天地之靈氣而後綻放，因此將其服食會對身體產生一定的補益作用。清人陳元龍編著的類書《格致鏡原》就記載了漢時人們直接食用鮮花後的奇妙效果：

漢昭帝遊柳池，中有紫色芙蓉大如斗，花葉甘，可食，芬氣聞十里。（《洞冥記》）

宣帝時異國貢紫菊一莖，蔓延數畝，味甘，食之者不飢渴。（《寶櫝記》）

甘甜的鮮花不僅味道鮮美，食用之人還可唇齒留香，甚至能夠不飢不渴，難怪魏晉南北朝以後，追求長生不老的道家熱衷於服食鮮花了。在相關文獻記載中，還曾提到一些道士服食花卉最後得以長生或升仙的故事。

例如，東晉葛洪所撰的《神仙傳》中就描寫了漁陽地方有一個名叫鳳綱的人，「常採百草花以水漬泥封之，自正月始盡九月末止，埋之百日」，然後取出煎成丸藥長期服用，「得壽數百歲不老」，最後成仙。

今日《神仙傳》並非全本，在《格致鏡原》中還有一段轉引自當時《神仙傳》的材料：「康風子服甘菊花、桐實，後得仙。」無獨有偶，在另一段轉引自《名山記》的材料中說：「道士朱孺子，吳末入玉笥山，服菊花，乘雲升天。」

菊花的養生功效，在中國現存最早的藥物學專著《神農本草經》中就有記載，其將菊花列為上品，認為菊花「久服利氣血，輕身耐老，延年」，怪不得它如此深受古人之喜愛了。

說起生食鮮花，則不得不提到南宋著名詩人楊萬里。這位愛梅痴狂的詩人生平最喜歡生嚼梅花，甚至到了不願食人間煙火的地步：

寒盡春生夜未央，酒狂狂似醒時狂。吾人何用餐煙火？揉碎梅花和蜜霜。

一罈好酒，配上蜜霜糖和新鮮梅花調拌的佳餚，詩人的生活何等清雅！不過說起來，楊萬里食梅花起先也是出於不得已：

剪雪作梅只堪嗅，點蜜如霜新可口。
一花自可咽一杯，嚼盡寒花幾杯酒。
先生清貧似飢蚊，饞涎流到瘦脛根。
贛江壓糖白於玉，好伴梅花聊當肉。

清貧的生活致使詩人將梅花權當下酒菜肉，當是無奈之舉。嚼著那孤芳自賞的花卉，詩人也許也感到幾分寂寞吧！然而，久而久之，他愈發地發掘出梅花的美味來，漸漸迷戀起這一獨特的美食：「取糖霜箄以梅花食之，其香味如蜜漬青梅，小苦而甘。」芳香撲鼻的梅花甜中帶些苦澀，與甘甜的糖霜乃是絕配，味同蜜漬青梅，令人回味無窮。

有一年冬天，楊萬里去朋友家赴宴。正是大雪紛飛時候，梅花傲雪獨立，煞是可愛，楊萬里又起了饞意，當席作詩一首：

南烹北果聚君家，象著冰盤物物佳。只有蔗霜分不得，老夫自要嚼梅花。

雖有滿席美味佳餚，楊萬里仍不惜將蔗糖占為己有，只為搭配新鮮梅花食用，這份痴狂，不禁讓人會心一笑。

楊花粥與玫瑰餅

除了直接生食，鮮花還有許多不同的吃法，比如將之加工成為主食。宋人林洪曾著飲食譜錄《山家清供》，書中首次詳細介紹了以梅花、菊花、梔子花、桂花等花卉為原料的多種花卉食品的製作方法，而作為主食的就有「梅粥」、「荼蘼粥」、「金飯」、「梅花湯餅」、「廣寒糕」、「松黃餅」、「落卜煎」等十餘種。清人黃雲鵠所編《粥譜》中也記載了蓮花粥、桂花粥、菊花粥、牡丹花粥、芍藥花粥、藤蘿花粥、蘭花粥等十幾種花粥，讀來令人口舌生津。相傳唐代寒食節，民間有煮食楊花粥的風俗。清明時節，楊花紛飛，一邊看著漫天的楊花，一邊品嘗可口的楊花粥，真是一件非常浪漫的事情。

滿族文人富察敦崇所著的《燕京歲時記》記載了清代北京的餐飲風俗：

三月榆初錢時，採而蒸之，合以糖面，謂之榆錢糕。四月以玫瑰花為之者，謂之玫瑰餅。以藤蘿花為之者，謂之藤蘿餅。皆應時之食物也。

榆錢糕、玫瑰餅、藤蘿餅都是北京人愛吃的風味食品，而尤以後兩者廣為流行。玫瑰餅、藤蘿餅都是糖餡、酥皮的點心，做法大致相同。據說老北京的糕點鋪都會在後院種有藤蘿，隨用隨採，不用特別購買，極為方便。玫瑰餅香味濃厚，藤蘿餅味淡清香，各具特色。

清代的《廣群芳譜》中詳細記錄了明人製作玫瑰花餡的方法：

採初開花，去其橐蕊並白色者，取純紫花瓣搗成膏，白梅水浸少時，順研細布，絞去漿汁，加白糖再研極勻，磁器收貯。

所製玫瑰花餡極香極甜，可任意添加於飲食之中，也可用於製作玫瑰餅。清代，承德的玫瑰餅最為有名。乾隆年間，承德有一位名叫張德的糕點師父，他製作的玫瑰餅遠近聞名，有「玫瑰張」的別稱。後來，乾隆皇帝聽聞他的名氣，還將之召入宮中，指導御膳房的廚師們製作玫瑰餅。這一點心十分討乾隆的喜歡，其在位時，祭神點心也多是使用玫瑰餅。受皇室的影響，鮮花餅在民間更加流行了。這種喜好一直保留到了今天，每到春季，北京的各大糕點鋪都會供應鮮花玫瑰餅，深受市民們的歡迎。

請君共飲鮮花酒

鮮花還是釀酒的上佳選擇。中國人喜好飲酒，而花卉酒則是中國酒的重要組成部分。早在西漢時，皇宮中就有重陽節飲菊花酒驅邪避惡、祈禱長壽的風俗，後又傳至民間，並延續至後代。

除了菊花酒，《漢書．禮樂志》中還記載了一種珍貴的花卉酒──百末旨酒：「百末旨酒布蘭生，泰尊拓漿析朝醒。」「百末」，即百草花之末；「旨」是美味的意思。將各種花卉摻入酒中，味道自然既芬芳又甜美。漢代著名賦作家枚乘的名作〈七發〉中還有「蘭英之酒，酌以滌口」的句子，可見漢代人還喝蘭花酒。

三國時文人喜好桂花酒，陳思王曹植的〈仙人篇〉中有「玉蹲盈桂酒」之句，就提到了桂花酒。而宋人的《太平廣記》中則記載了魏帝曹奐為陳留王的時候，有頻斯國人來朝拜謁，帶來一壺桂花釀的酒，狀如凝脂，味道甘美，飲用可使人長壽。除此之外，彼時也用石榴花釀酒。南朝梁元帝〈賦得詠石榴〉一詩中有句「西域移根至，南方釀酒來」，就直接說明了當時釀造石榴花酒的現象。

喜好享樂的唐人自然也是花卉酒的愛好者，唐代的花卉酒往往擁有雅緻的名稱。例如，唐憲宗曾在宮中採李花釀造李花酒，取名「換骨醪」，並以此酒賜大臣裴度；而唐人蘇鶚的《杜陽雜編》則記載了以桂花、米和曲釀成的美酒有雅名「桂花醑」；《雲仙雜記》中還有以椰子為酒杯，搗蓮花而製成的「碧芳酒」。

唐代帝王還喜歡荼蘼花釀造的酴醾酒。《新唐書》就記載了憲宗稱讚勇於直言勸諫的宰相李絳為「真宰相」，並「遣使賜酴醾酒」的事情。而據明人王象晉的《群芳譜》所言，唐代寒食節時皇帝宴請宰相就喜歡用酴醾酒。

唐時由於原料及製作工藝等相關條件的制約，花卉酒還僅侷限於在宮廷與上層社會內流行，至清代時，則也廣受一般百姓的喜愛。清人將以各種植物摻入釀製的燒酒稱為藥燒。據《清稗類鈔》記載，清時京師酒肆有三種：一為南酒店，一為京酒店，一為藥酒店。其中，藥酒店中所售的酒都是「燒酒以花蒸成」者，即花卉酒。清人認為「凡以花果所釀者，皆可名露」，因此，儘管這些藥燒名目繁多，但大多以「露」字命名，如

「玫瑰露」、「蘋果露」、「山楂露」、「葡萄露」等。

花卉燒酒一般度數較低，性味柔和，因此男女老少飲用皆宜。而其中尤以「玫瑰露」最受京師市民的喜愛，這種酒是將玫瑰花放在燒酒裡蒸餾而製成的。據清《日下新謳》中的描述，一斤「玫瑰露」須官板錢一百二十文。清代市俗用錢有大錢、小錢的區別，官板錢屬於價值較高的大錢。因此，「玫瑰露」其實是價格不菲的，但購買者仍趨之若鶩，可見其受歡迎程度之高。

除了「玫瑰露」，負盛名者還有宮廷御用的「蓮花白」。這種酒由蓮花蕊加珍貴藥材釀製而成，往往供皇室賞賜親信之臣。據《清稗類鈔》描繪，「其味清醇，玉液瓊漿不能過也」，可見真是酒中佳品。

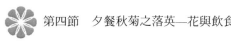

菊花也可製火鍋

除了花卉的一般食用方法，晚清宮廷中還流行一種很有意思的花卉飲食方法——菊花火鍋。火鍋是華人最為喜愛的飲食之一，而以鮮花為主要食材製成的火鍋，無論於古於今，都是十分創新的吃法。而這種吃法尤為熱衷於保健養顏的慈禧太后所喜愛。據曾在慈禧太后身邊做過幾年女官的德齡所著的《御香縹緲錄》記載，慈禧是這樣吃菊花火鍋的：

先把那一種名喚雪球的白菊花採下一兩朵來，大概是因為雪球的花瓣短而密，又且非常潔淨，所以特別的宜於煮食；每次總是隨採隨吃的。採下之後，就把花瓣一起摘下，揀出那些焦黃的或沾有汙垢的幾瓣一起丟掉，再將留下的浸在溫水內漂洗上一二十分鐘，然後取出，再放在已溶有稀礬的溫水內漂洗，末了便把它們撈起，安在竹籃裡瀝淨，這樣就算是端整好了。第二步當然便是煮食的開始了。太后每逢要嘗試這種特殊的食品之前，總是十分的興奮，像一個鄉下人快要去赴席的情形一樣。吃的時候，先由御膳房裡給伊端出一具銀製的小暖鍋來。因為有菊花的時候總在秋天，暖鍋已快將成為席上的必需品了，雖然似乎還早一些，但也還不足令人驚奇，所堪注意的是菊花和暖鍋的關係。原來那暖鍋裡先已盛著大半鍋的原汁雞湯或肉湯，上面的蓋子做得非常合縫，極不易使溫度消失，便是那股鮮香之味，也不致騰出來。這時太后座前已早由那管理膳食的大太監張德安好一張比茶几略大幾許的小餐桌，這桌子的中央有一個圓洞，恰巧可以把那暖鍋安安穩穩地架在中間，原來這桌子是專為這個意義而設的。和那暖鍋一起的還有打御膳房裡端出來的幾個淺淺的小碟子，裡面盛著已去掉皮骨，切得很薄的生魚片或生雞片。可是為了太后性喜食魚的緣故，有幾次往往只備魚片，外加少許醬醋。那洗淨的菊花瓣自然也一起堆在這小桌子上來了。於是張德便伸手把那暖鍋上的蓋子揭了起來，但並不放下，只擎在手裡候著，太后便親自揀起幾許魚片或肉片投入湯內，張德忙將爐蓋重覆蓋上。這時候吃的人——太后自己——和看的人——我們那一班——都很鄭重其事的悄悄地靜候著，幾十道的目光，一起射在那暖鍋上。約摸候了五六分鐘，張德才又上前去將蓋子揭起，讓太后自己或我們中的一人將那些菊花瓣酌量抓一把投下去，接著仍把爐蓋蓋上，再等候五分鐘，這一味特殊的食品便煮成了。

這段生動的描述，不禁讓人垂涎三尺。直到今天，湯清味美的菊花火鍋仍然流行於開封等地，若有機會，不妨嚐嚐這道有趣的花卉美食。

第三章　花卉的文化印記

動人的詩詞，傳奇的故事……在悠遠的歷史長河中，每一種不同的花卉，都擁有各自的審美價值和特定的文化印記。

第一節　虛生芍藥徒勞妒，羞殺玫瑰不敢開——牡丹

牡丹，別名「木芍藥」、「百兩金」、「洛陽花」、「富貴花」等，多年生落葉小灌木，生長緩慢，株型小，原產於西部秦嶺和大巴山一帶山區。花朵顏色眾多，有粉色、紅色、白色等，屬於特有的木本名貴花卉，素有「國色天香」、「花中之王」的美稱，長期以來被人們當作富貴吉祥、繁榮興旺的象徵。

牡丹的王者風範早在唐代就已經基本確立下來，唐人對牡丹的是眾所周知的。相傳

白居易擔任杭州刺史時，曾四處派人尋找牡丹，後於杭州開元寺觀賞牡丹時見到詩人徐凝題牡丹的一首詩，大為讚賞，遂邀請徐凝同飲，盡醉而歸。徐凝之詩如下：

此花南地知難種，慚愧僧閒用意栽。
海燕解憐頻睥睨，胡蜂未識更徘徊。
虛生芍藥徒勞妒，羞殺玫瑰不敢開。
唯有數苞紅萼在，含芳只待舍人來。

據說最早將牡丹帶到杭州的是開元寺的僧人惠澄，他將從京師得到的種子種植在庭院之中。當時已經是春深時節，惠澄用油布覆蓋在花上，後來竟然成功培育出牡丹花。至此，牡丹才開始在杭州種植。徐凝詩的首聯說的就是這件事情。

這初來乍到的牡丹，並未因為環境陌生就收斂起與生俱來的霸氣，不僅惹來海燕、胡蜂的關注，更使其他花卉感到了威脅。詩人以生動的想像力，描繪了在牡丹花的美豔之下，原本頗有名氣的芍藥花、玫瑰花也只能徒生嫉妒，羞愧得都不敢開花了。如此氣魄，也只有牡丹擔當得起。而牡丹似乎還無心與他花競爭，只一心等待著知音之人的欣賞，真是令人更加嘆服。

國色天香在大唐

牡丹在唐代有「國花」的美譽，唐人李正封有名句「國色朝酣酒，天香夜染衣」，直接用「國色」、「天香」形容牡丹花，而後來「國色天香」也成為形容美人的流行詞彙。

牡丹之色，極鮮豔，也極濃烈，常給人金碧輝煌之感。自古帝王多愛牡丹，正因其花開時分富麗堂皇、雍容華貴，最有盛世氣象。白居易〈牡丹芳〉中寫牡丹之色豔：「千片赤英霞爛爛，百枝絳豔燈煌煌。」雖略誇張，形容牡丹之絕色倒也恰當。徐凝在另一首題牡丹之作中寫「疑是洛川神女作，千嬌萬態破朝霞」，則展現了牡丹花熱烈奔放的氣質，有極強的感官衝擊力和色調感染力。

因為豔麗的色彩，牡丹甚至曾被稱為「花妖」。據《開元天寶遺事》記載，宮中有一牡丹花開，早上是深紅色，正午是深綠色，傍晚是深黃色，到了夜間又變為粉白色，一晝夜之內變化多種顏色。宮中許多人都十分驚異，玄宗反而十分鎮定，說道：「這是花木之妖，不值得驚訝呀！」

牡丹之香，正與其色相應和，沁人心脾，有很強的感染力。亦有不少古詩專注於牡丹芳馨襲人的特質。晚唐詩人皮日休就曾誇牡丹：「競誇天下無雙豔，獨占人間第一香。」將世間第一香的美譽頒給了名花牡丹。唐人李山甫也毫不吝惜讚譽之詞：「數苞仙豔火中出，一片異香天上來。」溫庭筠的「蝶繁經粉住，蜂重抱香歸」則透過蝶、蜂的舉動從側面將牡丹的香豔描繪出來。蘇軾的〈雨中看牡丹三首（其一）〉更是別開生面，「秀色洗紅粉，暗香生雪膚」兩句以擬人的手法寫牡丹經過雨水的沖洗，香氣緩緩地瀰漫開來。暗香在濕潤的空氣中浮動著，如絲如縷，縈繞四周，真是頗有一番味道！

正因為這樣的國色天香，牡丹深受唐人的喜愛。據傳，開元年間，皇宮中初種植牡丹於興慶池東沉香亭前。花開之時，唐玄宗大悅，與楊貴妃相從賞花，還下詔讓梨園弟子李龜年手捧檀板領奏樂曲。當李龜年正要歌唱時，玄宗突然又來了興致，說：「今天觀賞這名花，對著愛妃，怎麼能唱舊歌詞呢？」於是命人找來當時任職翰林供奉的李白寫新的樂辭。彼時李白尚宿醉未醒，趁著酒性，揮毫而就〈清平調三首〉，成為膾炙人口的佳作：

雲想衣裳花想容，春風拂檻露華濃。若非群玉山頭見，會向瑤臺月下逢。

一枝紅豔露凝香，雲雨巫山枉斷腸。借問漢宮誰得似？可憐飛燕倚新妝。

名花傾國兩相歡，長得君王帶笑看。解釋春風無限恨，沉香亭北倚闌干。

這三首詩作將牡丹的美描繪得淋漓盡致，且將牡丹與楊貴妃互動在一起寫，寫花即是寫人，寫人又是寫花。第一首詩中「露華濃」三個字將牡丹花在晶瑩的露水襯托下顯得更加豔冶的景象巧妙勾勒出來，末句又從空間上將讀者引入仙境瑤臺；第二首詩不僅寫牡丹色之紅豔，還著重刻劃其香味，在香氣瀰漫的氛圍中邁入歷史的長河，把讀者領至楚襄王的陽臺、漢成帝的宮廷；第三首詩則回到現實中的沉香亭，花在闌外，人倚闌干，無論是牡丹，還是美人，都有著傾國傾城的美貌，惹得君王無限歡喜。

有了帝王的推重，牡丹的身價自然是扶搖直上。牡丹花開之時，人們往往傾城而觀，白居易「花開花落二十日，一城之人皆若狂」和劉禹錫「唯有牡丹真國色，花開時節動京城」等膾炙人口的詩句就是對當時盛況的描繪。中唐李肇所撰《唐國史補》中記載：

京城貴遊，尚牡丹三十餘年矣。每春暮，車馬若狂，以不耽玩為恥。執金吾鋪官圍外寺觀，種以求利，一本有直數萬者。

甚至到以不賞玩牡丹為恥的地步，可見唐人對牡丹的狂熱喜愛。但這種熱潮也引發了一些社會問題，白居易是愛牡丹花之人，但對於舉國上下為買牡丹不惜耗費巨資的現象也不免表現出自己的擔憂，他曾作〈買花〉一詩，詩的末尾特別有畫面感：

有一田舍翁，偶來買花處。低頭獨長嘆，此嘆無人喻：一叢深色花，十戶中人賦！

一叢牡丹花幾乎要耗費掉十戶人家的賦稅，確實過於奢侈。在另一作品中，白居易則直接表達了希望世人稍微抑制對牡丹狂熱情緒的願望：

我願暫求造化力，減卻牡丹妖豔色。少回卿士愛花心，同似吾君憂稼穡。

無獨有偶，晚唐王睿也作詩對牡丹加以斥責：

牡丹妖豔亂人心，一國如狂不惜金。曷若東園桃與李，果成無語自成陰。

牡丹的美自然不是過錯，這裡它不過成了自上而下社會奢靡風氣的代罪羔羊罷了。不過，這倒是間接反映出牡丹深受唐人喜愛的現象。

洛陽牡丹甲天下

相傳武則天稱帝之時，一個寒冷的冬日，武皇興致大起，預備第二天於上林苑遊玩，便作詩一首詔告百花：「明朝游上苑，火速報春知。花須連夜發，莫待曉風吹。」對於女皇的命令，花兒們自然不敢違背，一夜之間，百花紛紛吐蕊開放。第二天，武則天在上林苑中欣賞百花爭奇鬥豔的景色，正心滿意足，忽然發現牡丹花居然無視她的命令，拒絕開花，一時怒上心頭。她立刻下令將苑中的牡丹通通一把火燒為焦灰，並將別處的牡丹連根拔出，貶至東都洛陽。從此以後，牡丹在洛陽安家，並因之得名「焦骨牡丹」，聲名遠播。

當然，這僅僅是一個民間傳說。事實上，牡丹種植中心由長安移至洛陽應該是在北宋的時候。北宋時洛陽牡丹甲天下，以至於那時候的洛陽人甚至只將牡丹稱為「花」。北宋著名學者邵雍曾感慨：

> 洛陽人慣見奇葩，桃李花開未當花。須是牡丹花盛發，滿城方始樂無涯。

牡丹花開時節，洛陽百姓往往舉家出遊觀賞，宋人張邦基的《墨莊漫錄》就記載了彼時賞花盛會的情況：

> 西京牡丹聞於天下，花盛時，太守作萬花會，宴集之所，以花為屏帳，至於梁棟柱拱，悉以竹筒貯水，簪花釘掛，舉目皆花也。

洛陽牡丹在北宋的興盛是有其原因的。首先，似乎與其地位相應，牡丹種植適宜疏鬆、肥沃、深厚的土壤，洛陽的地理環境十分適宜牡丹的生長。其次，經濟發達、文化興盛是形成賞花中心的必要條件，只有經濟繁榮，牡丹才有可能走進平民百姓的生活之中；只有重視文化，花卉才能夠成為一種有規模的文化景觀。這種經濟、文化重鎮，於唐是長安，於北宋自然非地處中州的洛陽莫屬。

北宋大文豪歐陽脩的專著《洛陽牡丹記》是現存第一部完整的牡丹專著，其開篇即提出牡丹「出洛陽者，今為天下第一」的說法。彼時以牡丹為題材的文學作品數不勝數，《全宋詩》中涉及洛陽牡丹的就有兩百餘首，而說到其中的佳作，則不能不提及蘇東坡的〈和述古冬日牡丹〉：

一朵妖紅翠欲流，春光回照雪霜羞。化工只欲呈新巧，不放閒花得少休。

蘇詩雖別有寄託，但單看其描繪牡丹風姿的首句也十分絕妙。一個「妖」字寫盡牡丹的嬌媚，鮮豔欲滴，十分誘人，令觀者感到春回大地一般的明媚。而梅堯臣的〈紫牡丹〉則更展現出宋詩濃重的文人性：

葉底風吹紫錦囊，宮娥應近更添香。試看沉香濃如許，不愧逢君翰墨場。

古時以紫色為貴，紫色的牡丹花名貴文雅、香味濃郁，色彩沉鬱如潑墨的繪畫，其莊重又華貴的氣質最適合在貢院翰墨之地生長了。花與文人之間無聲的交流與賞識，彷佛又是一次知音的對話。

洛陽牡丹的興盛，與當時技術高超的花工也有很大關係。牡丹品種中最著名的即是姚黃、魏紫，其中，姚黃就是宋朝民間姚氏家中培育出來的。牡丹本來就有「花中之王」的美譽，姚黃又是牡丹中的王者，真不愧是王中之王了。據《鐵圍山叢談》記載，元豐年間，洛陽曾進貢姚黃一朵，「花面盈尺有二寸」，神宗皇帝十分喜歡，「遂卻宮花不御，乃獨簪姚黃以歸」，此事在後代曾一時傳為美談。

花事的興衰與社會的發展狀況息息相關，到了北宋中後期，內憂外患的情況愈來愈嚴重，洛陽牡丹也漸漸衰敗了，無論花園還是花市都不見蹤影。《聞見前錄》中記錄了這種現象的直接原因：

> 花未開，官遣人監護，甫開，盡檻土移之京師，籍園人名姓，歲輸花如租稅。洛陽故事遂廢。

本來就所剩無幾的牡丹花全被官家當作稅收掠奪了，難怪洛陽牡丹盛況不再。事實上，盛放的洛陽牡丹，正是太平盛世最好的象徵。當世事衰敗，牡丹花的熱潮自然也逐漸散去了。富貴的花卉，繁華的城市，風流的雅士，這一切的一切都變成了過眼雲煙。

北宋滅亡之後，許多南渡的宋人都表示出對洛陽牡丹的眷念之情，這是因為對於他們來說，追念洛陽牡丹，也就是追憶他們曾經繁榮昌盛的家園啊！

藥到病除寓吉祥

姿態豔麗的牡丹不僅可供人觀賞，而且還具有很高的藥用價值。由牡丹的根加工而製成的「丹皮」是相當名貴的中草藥，其性微寒，味辛，無毒，養血和肝，散郁祛瘀，對心、肝、腎都有保健作用，能散瘀血、清血、和血、止痛、通經，同時還有降低血壓、抗菌消炎的功效，長期服用可延年益壽。

相傳有一次，李世民帶兵出征，軍隊行至安徽鳳凰山一帶，許多士兵突然感染上疫病，高燒不退，症狀十分奇怪，隨軍的醫生都束手無策。正當大家一籌莫展之際，軍中的一位老兵見山坡上生長著許多野牡丹，便提議採來牡丹的根皮，洗淨搗爛後調漿給生病的士兵們服用。

原來，這位老兵之前曾是花農，對牡丹的藥用價值有所了解，所以才提出了這樣的建議。結果，服用了牡丹根皮製漿的士兵們竟然一個個都恢復了健康。

看來，牡丹除了能使人一飽眼福，還可使患者藥到病除，真不愧是花中之王。

長久以來，牡丹花都被國人譽為吉祥的「富貴花」。春節時分，許多人家喜歡在家裡貼上繪有牡丹花的剪紙、年畫等，以祈禱富貴吉祥。而在鄂西、湘西等地區，還延續著一種生女兒種牡丹的習俗。這與一個久遠的傳說有關。

很久以前，一個獵人上山打獵時，無意間看到一隻老鷹在啄一隻小鳥。獵人連忙舉起槍打死了老鷹，可惜為時已晚，那只小鳥已經斷了氣。獵人可憐小鳥無辜喪命，就將小鳥埋在一棵樹下。

第二天，獵人又到相同的地方打獵，發現昨日埋葬小鳥的地方居然生長出了一株美麗的牡丹。獵人感到十分神奇，於是就將那株牡丹移植回家，栽培在後院之中。巧合的是，第二年牡丹花開的時候，獵人的妻子誕下了一個女兒，小姑娘長得就像牡丹花一樣美麗動人。獵人認為他的女兒很有可能就是牡丹花的化身，於是精心照料那株牡丹，牡丹花也因此年年盛放。就這麼一直到女兒長大出嫁，獵人將那株牡丹當作嫁妝送給了女兒。

從此以後，生女兒種牡丹的習俗就在當地一代代地流傳了下來。

第二節　疏影橫斜水清淺，暗香浮動月黃昏——梅花

梅花，薔薇科，李屬梅亞屬植物，於寒冬開放。其葉片呈廣卵形或卵形，花瓣五片，有白、紅、粉紅等多種顏色；品種繁多，按枝條及生長姿態可分為葉梅、直角梅、照水梅等，按花色及花形可分為宮粉梅、紅梅、綠萼梅、大紅梅等。梅花是我國十分有名的觀賞植物，其身上烙刻著中華文化的深刻印記。

宋代有位著名的隱逸詩人叫林逋，年幼時刻苦好學，通曉經史百家，但性喜恬淡，不願追慕名利富貴。他的一生，大多時候都隱居於杭州西湖，始終不曾出仕，亦不曾娶妻，而最大的嗜好便是養鶴植梅，他稱自己「以梅為妻，以鶴為子」，因此也得到了「梅妻鶴子」的美名。

眾芳搖落獨暄妍，占盡風情向小園。
疏影橫斜水清淺，暗香浮動月黃昏。
霜禽欲下先偷眼，粉蝶如知合斷魂。
幸有微吟可相狎，不須檀板共金樽。

這首〈山園小梅〉正是林逋的傳世名作，詩人在其中表達了自己對梅花深深的情感。寒冬時分，百花已經漸次凋零，只有那不畏嚴寒的梅花還在絢麗地盛放著，在小園之中「占盡風情」。疏朗的梅影，似乎無意地投影在清澈的淺水裡，錯落而瀟灑；幽幽的花香則隱隱約約，飄蕩在朦朧的黃昏月色之中，令人心曠神怡。

因著這樣動人的梅影和花香，那些冬日的鳥兒正欲於樹枝上休息，也不禁要偷看這絢爛的梅花了——想必它們也驚異於酷寒的氣候中，怎會有如此花滿枝頭的景象；而粉蝶們若知道梅花的美麗，也定要為之銷魂吧。詩人是這樣愛護著梅花，輕吟詩歌去讚美它、親近它，並為之感到慶幸——幸好沒有那些附庸風雅的達官貴人伴著俗曲、端著酒杯「欣賞」它。是啊，林逋有梅花相伴，梅花有林逋呵護，對於彼此而言，都是一種幸運。

處處逢梅是舊知

中國古人對梅花的偏愛程度也許超出今人的想像。南宋著名詩人范成大所作的《梅譜》是我國乃至全世界第一部關於梅花的專著，其對梅花的品種等相關情況首次進行了較為具體的描述。在〈梅譜前序〉中，范成大直接指出了中國古人對梅花的摯愛之情：

梅為天下尤物，無問智、愚、賢、不肖，莫敢有異議。學圃之士，必先種梅，且不厭多，他花有無多少，皆不繫輕重。

作為「天下尤物」的梅花，深受古代文人的賞識。對於那些像林逋一樣愛梅之人來說，梅花是他們的親人，是他們的朋友，是他們人生相伴的知己，是他們心靈溫暖的慰藉。

清人吳文溥曾作詩言「笑問梅花肯妻我，我將抱鶴家西湖」，正是受到林逋的影響，也打算要「以梅為妻」了；無獨有偶，宋代詩人楊萬里在〈燭下和雪折梅〉一詩中寫道「梅兄沖雪來相見」，直呼梅花為兄弟，關係顯得十分親密；高斯得則有〈題愛梅亭〉一詩，坦言「生世梅花是故知，相逢不負歲寒期」；趙蕃的〈梅花六首〉中也有「平生留落半天涯，處處逢梅是舊知」；現代大文豪魯迅先生更曾鈐過一塊方印，刻有「只有梅花是知己」的字樣……

唐代傳奇小說集《龍城錄》中有一則關於梅花的神話故事。

傳說隋代趙師雄經過羅浮一帶，傍晚在一家小酒館休息，忽然見到一位淡妝素服的美人，芳香襲人，遂邀請她共飲。也許是因為有美人相伴，趙師雄喝得特別盡興，不久便酒醉而眠，等到醒來的時候，卻發現自己睡在一棵梅花樹下，身邊並無一人，只有樹上幾隻翠鳥唧唧喳喳。他這才明白過來，原來自己遇到的佳人，竟是那樹上的梅花。

這個故事雖然離奇，但也展現了古人將梅花擬人化的一種心理。確實，在許多文人眼裡，梅花彷彿有生命的人一樣，可以與之交談，因而不少詩人留下了與梅對話的作品。

比如宋人張鎡，他可是直接向梅花表白了：「只堪告訴向梅花，我是梅花千樹伴。」而同樣的痴情的還有白居易和陸游。白居易新栽了七株梅花，花時已到，他便親切地對梅花說道：「莫怕長洲桃李妒，今年好為使君開。」他告訴梅花只管盛放，不必害怕花期較晚的桃李嫉妒。而陸游卻抱著相反的心情，怕梅花易凋零，反而叮嚀梅花不要開得太盛：

一花兩花春信回，南枝北枝風日催。爛熳卻愁零落近，丁寧且莫十分開。

在與梅花無聲而默契的交流之中，許多人亦漸漸在親愛的梅花身上投射了自己的心情。對梅花說話，其實也就是對自己說話，字字句句，都包含著自己人生的苦與樂。

少年成名的李商隱一生的仕途都不是很順暢，不得已捲入晚唐黨派紛爭的他往往作詩感嘆自己的身世。他曾作一首〈憶梅〉：

定定住天涯，依依向物華。寒梅最堪恨，常作去年花。

寒梅早開、早謝的特點正與早慧、早成名、早登科而仕途坎坷的詩人一模一樣，因此，這首詩借寫寒梅表達詩人對自己身世際遇的悲嘆，淒涼哀婉，令人讀之不禁黯然神傷。

梅花不畏嚴寒，獨放於深冬的特性很容易使人聯想到高潔的品質。對此，元人馮子振的〈山中梅〉寫得很明白：

岩谷深居養素真，歲寒松竹淡相鄰。孤根歷盡冰霜苦，不識人間別有春。

孤身生長於深山之中的寒梅獨自忍受惡劣的環境，只淡淡與松竹有些君子之交，絲毫不理會塵世間的春天。這種「素真」的追求正適合形容那些潔身自好的隱士們，無怪乎梅花特別受到隱者的青睞。

但也正是出於這種孤獨吧，有時候以梅花自寓的詩人特別容易產生一種感傷的情緒。南宋愛國詩人陸游特別喜愛梅花，創作了許多以梅為題材的詩詞作品，其中有一首〈朝中措．梅〉：

幽姿不入少年場，無語只淒涼。一個飄零身世，十分冷淡心腸。
江頭月底，新詩舊恨，孤恨清香。任是春風不管，也曾先識東皇。

雖然題目為「梅」，但全文幾乎沒有出現什麼梅花的特性。只是讀起來，滿目都是感傷的情緒：「淒涼」、「飄零」、「冷淡」、「孤恨」……字裡行間，悲傷撲面而來，說的其實是詞人自己的身世情感。

散作乾坤萬里春

梅出現在古代文獻中，甚至可以追溯到秦以前。《尚書．商書．說命下》中就記載了殷高宗任命傅說為相時的言辭：「若作和羹，爾唯鹽梅。」鹽味鹹，梅味酸，都是調味所必需，殷高宗在這裡實際上是以鹽梅比喻傅說是國家所需求的人才。而傅說也不辱使命。從此以後，鹽梅就成為賢相的象徵。明人李茂春曾撰編歷代賢相的嘉言善行，即取名《鹽梅志》。

鹽梅的典故似乎開啟了梅花與政治的不解之緣。事實上，在古詩詞中，梅花也曾獨立成為賢相的代表。相傳乾隆十五年乾隆皇帝巡視河南返京途中，路過唐朝名相宋璟的故鄉，他便書寫宋璟的〈梅花賦〉，並畫了一枝古梅，題詩及跋一首。其跋曰：

梅花品格最勝，冰姿玉骨，鐵幹古心，迥非凡卉之匹。唐臣宋璟賦此，蓋以自況也。予時巡中土，駐蹕於此，遙企名賢，緬懷往跡，感興成吟，並手寫古梅一本，摹勒廊壁，以志清標，庶使千載，下睹此樹，猶景其人焉。

宋璟以梅花自比，而乾隆則把梅花當作賢相的象徵，借讚美梅花非一般花卉可比的冰清玉潔的品質來讚美宋璟，那傲然挺立的梅樹，彷彿就是宋璟本人一樣，值得後人景仰。

賢相受重用、被尊敬，往往是太平盛世的現象。而在浩瀚的中華歷史長河中，奸臣當道的黑暗時期也並不少見。此時，梅花的形象似乎有了另一層與政治相關的內涵——古代知識分子的參與意識和抗爭精神。

在南宋朝廷中，主張向金國投降求和的主和派長時間占據著政壇的主導地位。而如辛棄疾、陳亮等一心想要收復失地的愛國志士，則往往受到迫害和打壓。坎坷的人生遭遇正如梅花生長的惡劣環境一般，特別考驗這些勇者的品格。因此，他們常常借吟詠梅花來寄託自己收復失地的決心，辛棄疾的「更無花態度，全是雪精神」，陳亮的「欲傳春訊息，不怕雪裡埋」，正是他們堅定信念的寫照。

最有名的則是陸游的〈卜算子・詠梅〉：

驛外斷橋邊，寂寞開無主。已是黃昏獨自愁，更著風和雨。

無意苦爭春，一任群芳妒。零落成泥碾作塵，只有香如故。

陸游的遭遇，正如在那斷橋邊上寂寞開放的無主梅花一般，在黃昏的淒風冷雨中，獨自哀愁著；梅花孑然一身，並無意與百花爭春鬥豔，則像詞人不願與投降派同流合汙的心思一樣。無論是梅花，還是陸游，最後都不得不獨自面對苦難——但即使粉身碎骨，梅花依然清香如故，就如陸游終生不曾移志變節一般。

相似的遭遇，同樣的品格，在這首詞作中，梅花的風骨就像詩人的脊梁，梅花與陸游完全融為一體，讓人感受到一種非凡的藝術魅力。字裡行間既抒發了孤寂惆悵的情感，也顯露出蒼勁頑強的韌性，正代表著古代文人對於梅花複雜而深沉的情感。

在政治理想不得實現的時候，甚至有詩人借詠梅來影射朝政。南宋曾發生著名的「落梅詩案」：詩人劉克莊的〈落梅〉一詩中有「東風謬掌花權柄，卻忌孤高不主張」之句，被言官李知孝等人指控為「仙謗當國」，因而被罷官，甚至導致閒廢十年。然而，這場突如其來的災難雖然讓劉克莊十分憤慨，甚至曾有「老子平生無他過，為梅花受取風流罪」之言論，但他始終未曾放棄對梅花的喜愛，反而大量寫作詠梅詩詞，一生創作一百三十多首詠梅詩詞，以此來表達自己的錚錚鐵骨。

元代文人王冕有詠梅名句：「忽然一夜清香發，散作乾坤萬里春。」意思是要以梅花的清香來驅散乾坤間的濁氣與俗氣。在複雜渾濁的政治世界中，像梅花一樣頑強的古代知識分子，始終以自己的努力，開啟著一個又一個歷史的春天。

折梅聊寄一片情

相傳南朝宋武帝劉裕的女兒壽陽公主有一次睡在含章殿檐下，一陣風過，一朵梅花偶然落在公主的額頭上，怎麼揭都揭不下來。幾天之後，梅花好不容易被清洗下來了，可是壽陽公主的額頭上卻留下了五片花瓣的印記。宮裡的女子見到那梅花的印記，都覺得十分美麗，於是爭相效仿，將梅花貼在額上，一時成為一種新的時尚，時人稱之為「梅花妝」。

華人自古就對梅花一往情深，人們或以梅為地名，如廣東有梅州、梅江、梅縣；或以梅為自號，如南宋王十朋號「梅溪」，宋末張磐號「梅崖」，明末清初吳偉業號「梅村」。以梅為題材的古曲〈梅花落〉、〈梅花三弄〉更是家喻戶曉。

除了象徵高潔的有志之士，在民間，梅花還是代表喜慶、瑞兆的吉祥物。古人有「梅開五福」的說法，以梅花的五片花瓣象徵五種福氣。關於「五福」，《尚書》中有記載，即「壽」、「富」、「康寧」（身體健康心靈安寧）、「攸好德」（生性仁善寬厚寧靜）、「考終命」（善終），今日則泛指快樂、幸福、長壽、順利、和平等。

而傳情達意則是梅花的另一功能。耐寒的梅花常被人賦予高潔的品質，因此常被用來形容朋友之間堅貞不渝的友情，古時就有寄梅贈友的習俗。

三國時期，東吳陸凱在荊州摘下一枝梅花，寄給好友范曄，並賦詩一首：

> 折梅逢驛使，寄與隴頭人。江南無所有，聊贈一枝春。

梅花傳遞的不僅僅是春的訊息，還有朋友之間那濃濃的思念之情。南朝樂府民歌

〈西洲曲〉中也有「憶梅下西洲，折梅寄江北」的句子，顯示出折梅寄相思的寓意。

有時，這份寓意更容易觸動背井離鄉的遠客。對於唐代詩人柳宗元而言，懷才不遇、顛沛流離似乎是他人生的主題。其在仕途的大部分時間，都處於被貶謫的狀態中。他有一首題為〈早梅〉的名詩：

早梅發高樹，迴映楚天碧。
朔吹飄夜香，繁霜滋曉白。
欲為萬里贈，杳杳山水隔。
寒英坐銷落，何用慰遠客。

嚴冬時分，萬物靜謐，只有在高枝上早早綻放的梅花獨自映著碧藍色的南國天空。環境雖然惡劣，但梅花仍傲然挺立，不屈不撓。那「朔吹」與「繁霜」，正代表著詩人遭受到的坎坷境遇；而堅貞不屈的梅花，也是詩人始終堅持自我理想的象徵。早開的蠟梅，是這麼美，孤身一人的詩人，多想折一枝花，贈給萬里之外思念的親友，只可惜重重山水阻隔，路途遙遠，親友們想必是無法收到這份心意了！而這份無法傳達的想念，顯得那麼沉重而深遠，更加重了詩歌的傷感情緒。

第三節　婀娜花姿碧葉長，風來勝隱谷中香——蘭花

蘭花屬蘭科，是一種單子葉植物，為多年生草本。相傳浙江紹興是蘭花的故鄉。

蘭花是一種以香著稱的花卉，具有高潔、清雅的特點，歷來為文人墨客所讚頌，不僅有「國蘭」、「花中君子」等稱號，甚至還被譽為「花草四雅」（蘭花、水仙、菊花、菖蒲）之首。

據傳，越國被吳國滅國後，越王勾踐便在浙江紹興渚山植蘭明志。此越王種蘭之處，漢代建成驛亭，後人便稱之為蘭亭。東晉大書法家王羲之於永和九年農曆三月初三在蘭亭寫下聞名天下的〈蘭亭集序〉。

古人愛蘭，認為蘭即是美好事物的代表。優秀的文章、書法被稱為「蘭章」，真摯純潔的友誼被稱為「蘭誼」，朋友結交為兄弟被稱為「金蘭結義」，交換的譜帖被稱為「蘭譜」，賢人離世被稱為「蘭摧玉折」……甚至連傳統戲曲的特定手勢也被稱為「蘭花指」。蘭花還是入饌的上品，蘭花肚絲、蘭花粥、蘭花羹等，都是江南民間十分流行的佳餚，至今仍然深受廣大人民的喜愛。

婀娜花姿碧葉長，風來難隱谷中香。不因紉取堪為佩，縱使無人亦自芳。

清王朝的康熙大帝也是位蘭花愛好者，這首語言簡潔而形象的〈詠幽蘭〉就出自這位千古帝王之手。姿態婀娜輕盈，莖葉纖長翠綠，正是蘭花給人的第一印象。一陣風來，花香趁風飄遍山谷，令人聞之心曠神怡。「不因紉取堪為佩」一句化用了〈離騷〉「紉秋蘭以為佩」的典故，屈原的人品高潔，佩戴的飾物自然也是十分高雅的；而即使沒有人佩戴，蘭花也依然默默散發著澄澈的芳香。「自芳」二字正點出了蘭花孤芳自賞的品格特徵。

知有清芬能解穢

蘭花最為人稱道的是它的香味。據傳，春秋時候，蘭（佩蘭）被稱為「國香」，《左傳》有言：「以蘭有國香，人服媚之如是。」宋代詩人黃庭堅曾為之作註：

士之才德蓋一國，則曰國士；女之色蓋一國，則曰國色；蘭之香蓋一國，則曰國香。

「國士」與「國色」都是在類比「國香」，將蘭花的香氣抬至非常高的地位。秦漢時候，蘭有「王者香」之美譽；到了唐末五代時，江浙的蘭花被稱為「香祖」；至明清，蘭花又獲得了「天下第一香」的稱號。

蘭花之香氣，古人稱為「幽香」，其既芬芳濃郁，卻又不致過於濃烈而顯得刺鼻；而且往往藉由風力飄至遠方，有很強的穿透力和耐久力，如絲如縷，綿延悠長。古人甚至認為蘭花的香味有「養鼻」的作用。

蘭花的香味常被形容為「清香」，此「清」非清淡的意思，而是指清澈純淨、清正高雅。清雅的蘭花香甚至能夠去除不好的味道，蘇轍曾作「知有清芬能解穢」，就是這個意思；王維亦有詩句「意蘇瘴霧餘，氣壓初寒外」，意思是盛開的蘭花意氣風發，能夠排除瘴氣雲霧，甚至在氣勢上壓倒凜冽的寒風。這裡雖然主要寫蘭花的氣勢，但蘭花之氣勢的最關鍵部分，則非花香莫屬。

春秋時候，齊國上卿管仲每次臨朝前都要洗「三薰之浴」，這種沐浴方式使用的是一種叫做蕙草的香草。事實上，這種蕙草也正是早期所謂的「佩蘭」。管仲以佩蘭洗浴，大概正是因佩蘭之香吧。這種沐浴方式後來流傳開來，漸漸演變成為一種驅邪祈福的儀式。

每年陽春三月，鄭國（今河南）的仕女們都會爭相拿著蕙草在溱水、洧水邊上舉行驅邪儀式，同時祈求一年的吉祥。這種儀式後來傳至魯國（今山東），暮春時節，人們會聚集在沂水邊祭天禱雨，並紛紛「以香藥薰草沐浴」。

一直到明清時候，荊楚一帶的民間仍然保留著「沐蘭湯」的風俗。每年的農曆五月初五，百姓或在溪流湖泊間，或在自家院落的池水中，以蘭花等植物入湯沐浴，並且常常一邊沐浴，一邊歡暢高歌。

在中國傳統文化中，蘭之香不僅指向感官的愉悅，還特指蘭的品格和本質，這與屈原和孔子的推崇有關。

愛國詩人屈原十分喜愛佩蘭，常常以蘭為伴，把秋蘭結成掛飾佩在身上（「紉秋蘭以為佩」），甚至還自己種植了大片的春蘭和蕙草（「余既滋蘭之九畹兮，又樹蕙之百畝」），愛蘭之情可見一斑。〈離騷〉中多次出現蘭的形象，屈原大量描寫了以蕙草為代表的香草，並將之比喻為美人，以蘭之純正的香氣來象徵自己高潔的品德和不屈的品性。這種比擬在後來的文學史中還形成了一種「香草美人」的傳統，來比喻那些為國為民的忠貞賢良之士。

由於屈原的緣故，蘭亦被稱為「楚蘭」。屈原與蘭的不解之緣，在後代的詩歌中常常有所展現。詩人們寫蘭之時，往往會將其與屈原、與堅貞不屈的品格連繫在一起。如王維有「婆娑靖節窗，彷彿靈均佩」，意思是氣宇不凡的蘭花就應該生長在隱逸之士陶淵明的窗下，佩戴於愛國詩人屈原的身上。元代詩人倪瓚的〈題鄭所南蘭〉則將南宋末年的愛國之士鄭所南直接與屈原連繫在一起：

秋風蘭蕙化為茅！南國淒涼氣已消。只有所南心不改，淚泉和墨寫〈離騷〉。

國勢衰亡之際，即使如蘭花一樣堅貞不屈的愛國之士也難以有所作為了；無論是屈原，還是鄭所南，都只能將刻骨的亡國之痛，傾灑在象徵君子的蘭花之中。

除了屈原，欣賞蘭之品性的還有古之聖人孔子。相傳為孔子所作的〈猗蘭操〉中有這麼一段話：

芝蘭生幽谷，不以無人而不芳，君子修道立德，不為窮困而改節。

在幽谷中生長的芝蘭，不因無人賞識而不散發芳香；這正如修道立德的君子，不因窮困的外在環境而改變自己的節操。在這段話中，孔子將蘭花人格化了，以蘭花來比喻君子，同時也讚美了蘭花堅定的節操。

這段話還有個相關的傳說。

據說孔子周遊列國，試圖推行自己的政治主張，可是諸侯們都不能真正地賞識他。一次，孔子從衛國返回魯國，途中在一個深谷裡看到一叢茂盛的香蘭。他不禁慨嘆道：「蘭花本來擁有王者的香氣，而今卻只能在這種地方與雜草為伍，真是可惜啊！」

想必那時的孔子，是將自己的命運投射至香蘭的身上，感嘆自己的懷才不遇吧！

事實上，孔子並不止這一次盛讚過蘭的品質。據《孔子家語》記載，子夏由於與賢明之人相處而道德修養日益提高時，孔子曾稱讚他：

與善人交，如入芝蘭之室，久而不聞其香，即與之化矣。

這裡孔子不僅將芝蘭定性為「善」，視作一種表達善良的花卉，而且將蘭之香描述成一種正面的道德力量，能夠對他人造成育德和感化的作用。

屈原和孔子對以蘭之香氣為代表的蘭品格的大力頌揚，確立了中華蘭文化的主流思想。

賞蘭描形亦重意

事實上，屈原與孔子時代的「蘭」，與今日我們所謂之「蘭花」，並不是同一樣事物。明代著名醫藥學家李時珍在其著作《本草綱目》中，用了大量篇幅並繪圖來辨析蘭草（佩蘭）與蘭花的區別。蘭草既芬芳，又有一定的藥用價值，可以佩戴在身上，或做成枕頭，或熬製成膏做燈料或藥用，或煮湯來沐浴，或焚燒來熏香，即「可紉、可佩、可藉、可膏、可浴、可焚」，而蘭花並沒有這樣的多種功能。

大致來說，晚唐以前的「蘭」大多指的是菊科的佩蘭，《本草綱目》中載其名為「千金草」，俗名「孩兒菊」；而晚唐之後的「蘭」就基本上指蘭科蘭屬蘭花了。不過，在中國傳統文化中，蘭草與蘭花兩者實際上是難以具體區分的，它們都是中華蘭文化的重要組成部分。

在屈原和孔子的時代，人們對蘭的鑑賞和讚頌都主要依據以蘭之香味為代表的自然屬性，但也逐漸將民族精神和人文思想灌注於賞蘭的過程中。隨著時間的推移，人們不僅關注蘭之香味，也愈來愈重視蘭的形態了。

南宋趙時庚所著的《金漳蘭譜》是最早的蘭花專著，其中最早提出了蘭花葉藝，並對蘭花進行分色，不僅開啟了賞葉的新鑑賞方向，還確立了蘭花花色的欣賞標準。

到了元明時期，在蘭花欣賞領域，擬人化的鑑賞方式已經非常普遍，例如「皺眉」、「含笑」等詞彙常被用來描述蘭花的形態。此時最受歡迎的蘭花品種為素心蘭。素心蘭的花朵顏色純，沒有雜色；花萼、花瓣、花梗為同一顏色，且無其他色的條紋、斑點。素心蘭中尤以純白色者為上品。

所謂「素心」，不僅是一種外觀的審美取向，還代表著一種純潔、高雅的價值取向。清代著名文人紀曉嵐曾為「素心」下定義：

心如枯井，波瀾不生，富貴亦不睹，飢寒亦不知，利害亦不計，此為素心者也。

所謂素心者，秉持自心，不受外界環境的影響，「不以物喜，不以己悲」，寵辱不驚，正是中國古代文人所孜孜不倦追求的人生境界。素心蘭受到文人的追捧，也就自然而然了。

明清兩代，蘭花的培育工藝越發成熟，一代代匠人經過總結提煉，確定了蘭花的瓣形理論，分別以梅、荷、水仙等加以命名。大體而言，梅瓣蘭花的萼片短圓舒展而不卷，形似早春之寒梅；荷瓣蘭花的萼片與花瓣均寬闊，形似荷花；水仙瓣蘭花的萼片狹長，內側三瓣片漸次向外舒展，形似水仙。

在中國古代文化中，梅、荷、水仙都與堅貞、純潔、高雅等概念相關，以此三種花卉命名蘭花的品種，不僅取其形似，更象徵了蘭花獨特的個性特徵。宋代文人王貴學有《王氏蘭譜》，其中言：

世稱三友，挺挺花卉中，竹有節而嗇花，梅有花而嗇葉，松有葉而嗇香，唯蘭獨有之。

確實，既有美麗的花朵，又有修長的葉子，還兼具芬芳的香味的，恐怕只有蘭花了吧！無怪乎從古至今，許多人愛蘭成痴。

文人心寓蘭花中

唐代大詩人李白曾作詩曰：

為草當作蘭，為木當作松。蘭秋香風遠，松寒不改容。

李白的這首詩，道出了許多文人對蘭花的推崇態度。事實上，蘭花常常是古代文人寄託自己心志的精神安慰。

清代有一位著名的畫蘭大家華秋岳，他曾經畫一幅長五丈的蘭花紙卷，只用煮一頓飯的工夫就完成了。他所畫的蘭花被稱讚為「清而不媚」，這既是對所畫之蘭花的形容，也是對作畫者本人君子風骨的讚揚。畢竟，畫如其人，只有心懷坦蕩者才能畫出雅緻脫俗的蘭花吧！

有時，懷才不遇者借蘭花表明自己壯志未酬的感傷。

唐初詩文革新的重要人物陳子昂有〈感遇〉詩，其二曰：

蘭若生春夏，芊蔚何青青。
幽獨空林色，朱蕤冒紫莖。
遲遲白日晚，裊裊秋風生。
歲華盡搖落，芳意竟何成！

生於春夏之際的蘭花，鬱鬱蔥蔥，十分茂盛；紅花紫莖的絢麗色彩為幽靜的山谷增色不少。這時蘭花正如詩人出眾的才華一般，搖曳生姿。然而，隨著時間流逝，由夏至秋，白天漸短，乍起的秋風使萬物漸漸凋零。在風刀霜劍的摧殘下，蘭花也漸漸枯萎凋零了，正如漸漸老去的詩人，雖然擁有才幹，卻始終報國無門。

有時，國破家亡者借蘭花表明自己對國家的矢志不渝。宋代著名畫家趙孟堅，為宋太祖世孫。宋亡之後，他隱居畫蘭以表忠貞。至今北京故宮博物院內還保留著他的兩幅春蘭卷，其中一幅還有作者題詩：

六月衡湘暑氣蒸，幽香一噴冰人清。曾將移入浙西種，一歲才華一兩莖。

蘭花的幽香甚至有解暑的效果，詩人愛蘭之心躍然紙上。

有時，桀驁不馴者借蘭花表明自己絕不同流合汙的決心。

清代著名文人鄭板橋可謂「蘭痴」，蘭與竹都是他所喜愛的作詩繪畫的題材，但是他認為畫蘭更容易顯示出畫家的人品，因此畫竹易，畫蘭難，甚至有「一世畫蘭，半世畫竹」的感嘆。

鄭板橋創作了許多題蘭詩，其中最有名的當屬〈題破盆蘭花圖〉：

春雨春風寫妙顏，幽情逸韻落人間。而今究竟無知己，打破烏盆更入山。

風姿美妙的蘭花志趣高雅，卻知音難覓。正如詩人自己，雖一度進入仕途，但卻與渾濁的官場格格不入。「打破烏盆」，就是要蘭花衝破束縛，重回大自然的懷抱，這其實是借寫蘭花來抒發詩人自己追求自由的決心。在現實中，鄭板橋也確實最終罷官歸鄉，以畫為生，掙脫了官場的樊籠。

有時，潔身自好者借蘭花表明自己高風亮節的追求。

身為宋之遺民的鄭思肖有四言詩〈畫蘭〉：

純是君子，絕非小人。深山之中，以天為春。

詩歌極直白而又斬釘截鐵地表明蘭花高尚的品格，同時也抒發了詩人自己高潔的志趣和孤傲的風采。「純是」、「絕非」四個字展現了一種毫不妥協的大無畏精神。空山幽谷之中，以大自然作為生命的動力，這正是蘭花值得人們欽佩的本色，而立志隱逸的詩人，正要以這蘭花作為榜樣，始終堅持自己的信仰。

第四節　接天蓮葉無窮碧，映日荷花別樣紅——荷花

荷花，又名「蓮花」、「水芙蓉」等，屬睡蓮科多年生水生草本花卉。其地下莖長而肥厚，有長節，葉呈盾圓形。荷花的花期在六至九月間，有紅色、粉紅色等多種顏色，或有彩紋、鑲邊。

按照栽培目的，荷花的品種大致可分為藕用蓮、子用蓮、觀賞蓮三大類，而每一類中又有不同品種。如觀賞蓮中就有花形多變的「千瓣蓮」、一柄兩花蕊的「並蒂蓮」、一柄四花蕊的「四面蓮」等。

在中國古代典籍中，荷花有許多別稱，如《詩經》中稱菡萏、荷華，〈離騷〉中稱蓮華、芙蓉，《毛詩傳》中稱扶渠，《爾雅》中稱芙渠，《本草綱目》中稱水華，《群芳譜》中稱水旦、水芙蓉……稱謂的豐富恰好說明了古代人民對這種水生植物的喜愛之情。

唐玄宗時期，太液池中有數枝千葉白蓮盛開，皇帝便設宴邀請皇親國戚一起觀賞，這進一步推動了賞荷享樂的風氣。後來，人們便常把富貴之家的官邸稱作蓮花池，借蓮花表達家道昌盛的吉祥之意。

古往今來，許多詩人都曾作詩吟詠荷花，而其中最廣為人知的莫過於南宋詩人楊萬里的〈曉出淨慈寺送林子方〉：

畢竟西湖六月中，風光不與四時同。接天蓮葉無窮碧，映日荷花別樣紅。

太陽剛剛升起，詩人陪著朋友走在路上，談笑風生。那西湖翠綠的荷葉是多麼茂盛，一片片連綴相接，彷彿要湧到天邊，使人感覺就像置身於無窮的碧綠之中一般；而嬌豔的荷花，在初升陽光的照射下，顯得特別紅豔奪目。短短十四個字，詩人就將荷花蓬勃盛放的風姿描繪得淋漓盡致，難怪是千古流芳的佳作。

荷花一身都是寶

婀娜多姿的荷花在中國有著非常悠久的栽培歷史。考古專家在河南發掘仰韶文化時期的「房基遺址」時，曾發現兩粒已炭化的蓮子，這成為五千年前人們食用蓮子的最早證據。而《尚書．周書》中也有「數澤已竭，即蓮掘藕」的記載。

兩千五百多年前，吳王夫差為了讓喜愛荷花的寵妃西施賞荷，曾在自己的離宮修築

「玩花池」，這可能是最早對荷花進行園池栽植的記載。到了唐以後，盆栽荷花就已經比較普遍了，韓愈〈盆池蓮〉一詩中「莫道盆池作不成，藕梢初種已齊生」的句子就是很好的佐證。

荷花對環境有著很強的適應性。在枯水季節，湖泊邊緣一帶的地面往往會變得比較乾燥，但只要地下保持著一定的濕度，荷花的地下莖——藕就會堅持不懈地伸向含水的土層，吸收自身生長所需的水分和營養物質。即使地面上的莖幹已經乾枯，只要地下莖不乾癟、不凍壞，等來年湖泊進水後，荷花仍有可能萌發出新葉。

而荷花種子有著更為驚人的生命力。那些散落在泥土中的蓮子在惡劣條件下不萌發，卻能長期保持活力，一旦條件適宜，便會萌發新株延續後代。一九五一年，遼寧省新金縣普蘭店的泥炭層中發掘出千年前的古蓮子，經過專家細心的播種繁育，最後竟然成活，育出了現已開遍大地的「中國古代蓮」，不得不讓人驚嘆荷花超強的生命力。

荷花不僅花朵美麗，它全身上下可都是寶。

荷花的地下莖在水下泥土中呈水平方向延伸，在條件適宜的情況下，地下莖長至三到五節即可成藕，也就是我們常說的蓮藕。藕的橫切面上有大小不一的圓形或扁圓形的氣孔；折斷後有絲相連，即藕絲，其實質是一種黏液狀木質纖維素。蓮藕多汁、甜脆可口，還蘊含著豐富的營養物質，如澱粉、蛋白質和維他命C等。它不僅可以當成水果生吃，還可以做湯、炒菜，深受人民的喜愛。如今許多地方都以蓮藕作為經濟作物種植。

藕還有很高的藥用價值，漢代的《神農本草經》中有記載：「蓮藕補中養神，益氣力，除百疾，久服輕身耐老，不飢延年。」可見古人相信長期食藕，不僅能夠延年益壽，還能祛除百病。相傳東漢神醫華佗曾以藕皮作為主要材料製成一種膏藥，將這種膏藥塗敷於病者手術後的傷口上，只需數日傷口即可癒合。

荷花的葉片中部稍凹，多呈淺漏斗狀。當水珠落在荷葉上時，由於葉片表面張力大於附著力，所以水珠會向低處滾動，在陽光之下，形如粒粒珍珠，光彩奪目。荷花池中大片荷葉茂盛時風景特別好，歐陽脩就有一首名為〈荷葉〉的詩：

池面風來波瀲瀲，波間露下葉田田。誰於水面張青蓋，罩卻紅妝唱採蓮。

微風輕拂池面，泛起層層的漣漪，波光粼粼。遠遠望去，那荷葉片片挺拔，各自相連，就像在池面之上撐起了把把青色的傘蓋，煞是好看。

而碧綠的荷葉配著紅色的荷花更是惹人喜愛，宋代詩人文同有詩句「金紅開似鏡，半綠卷如杯」，就是寫紅蓮在陽光照射下泛著金紅，與尚未完全展開的新荷葉相互輝映的美景，花紅葉綠，真是絕妙的搭配。

晚唐著名詩人李商隱還有一首〈贈荷花〉的名詩，述說了荷花與荷葉始終相伴的忠誠：

世間花葉不相倫，花入金盆葉作塵。
唯有綠荷紅菡萏，卷舒開合任天真。
此花此葉長相映，翠減紅衰愁殺人！

這世上許多花卉，花朵與葉子常不能同時留存，往往花朵被植入盆中之時，葉片部分就會被拋棄。唯有那自然生長的荷花，紅色的花苞始終與綠色的葉片相依相映，一起享受盛放的美好，也一起承擔衰敗的命運。詩人其實是在以寫荷花來諷世情：世人所結交的朋友們，有幾個能像荷花與荷葉一般，死生與共，不離不棄呢？

荷葉是一種重要的食材，唐代已出現了「荷包飯」，柳宗元的詩句「綠荷包飯趁虛人」就是佐證。而中華八大菜系名菜譜中，以荷葉為輔料的名菜也不少，如「荷葉粉蒸肉」、「荷葉包雞」等，都是人們十分喜愛的佳餚。

荷花的種子即蓮子也有豐富的營養價值。蓮子善於補五臟不足，通十二經脈之氣血，使氣血暢而不腐，不僅能夠防癌抗癌，還有降血壓、強心安神、滋養補虛、清心、祛斑等功效。在日常生活中，人們常常用糖烹調蓮子，做成糖蓮子或蓮子湯，或者加在糕餅裡。在中秋節的月餅中，蓮蓉是常見的餡料，而其實際上就是以打碎的蓮子加上油和糖與其他香料製作而成的。

秋冬季節果實成熟時，人們割開荷花的蓮蓬，就能得到蓮子。在中國古代，採蓮這項勞動似乎很受文人的青睞，採蓮女的形象常常出現在古詩詞中。許多詩人以〈採蓮曲〉為名作詩，如李白之作：

若耶溪傍採蓮女，笑隔荷花共人語。
日照新妝水底明，風飄香袂空中舉。
岸上誰家遊冶郎，三三五五映垂楊。
紫騮嘶入落花去，見此踟躕空斷腸。

夏日的若耶溪傍，採蓮女們悠閒地採著蓮子。美麗的荷花映照著美麗的採蓮女，滿池子的歡聲笑語。燦爛的陽光照耀著採蓮女的新妝，水底也呈現出一片光明。一陣風過，衣袖無意被吹起，荷花的香味與女子的體香一起飄蕩於空氣之中。河岸邊上，風流少年在那裡徘徊，三三五五地躺在垂楊的樹影裡，身邊的紫騮馬嘶叫聲聲，落花紛紛。這樣的美景，怎能不叫多情的人們踟躕不前，空斷愁腸呢！

王昌齡也有同名之作：

荷葉羅裙一色裁，芙蓉向臉兩邊開。亂入池中看不見，聞歌始覺有人來。

採蓮女衣裳的顏色與荷葉的顏色簡直一模一樣，而紅潤的臉頰與盛開的荷花也容易讓人分辨不清。當採蓮女們進入蓮池後，真是一時分辨不出哪裡是荷葉，哪裡是衣裳；哪些是荷花，哪些是人面。直到聽見了採蓮女的歌聲，才知道她們正穿行於荷花叢中採蓮呢。

以採蓮女為主角的詩作，宛如一幅幅生動的圖畫，那些代表著青春的採蓮姑娘們，栩栩如生，如在眼前。

出自淤泥而不染

唐代詩人陸龜蒙有〈白蓮〉一詩：

素花多蒙別豔欺，此花真合在瑤池。無情有恨無人覺，月曉風清欲墮時。

人們都喜歡那些色彩豔麗的花卉，而很少能有人真心欣賞素雅的白荷花。詩人陸龜蒙卻認為，這冰清玉潔的素花美如天仙，真應該生長在西王母的瑤池仙境之中——這種淡雅高潔的特質，也正是古人對荷花的一致評價。

事實上，早在先秦時期屈原的〈離騷〉中，荷花就已經以純潔的形象出現了：「制芰荷以為衣兮，集芙蓉以為裳。不吾知其亦已兮，苟餘情其信芳。」

屈原要把菱葉裁剪成上衣，用荷花織就成下裳，只要自己的品質果真是芳潔無瑕的，就算沒有人了解也無所謂。在這裡，荷花代表著美好的事物，屈原以荷花為衣裳，實際上就是以荷花來代表潔身自好的品質，同時象徵自己高潔的生命志趣。

三國時的陳思王曹植曾作〈芙蓉賦〉，其中形容荷花時曾言：「覽百卉之英茂，無斯花之獨靈。」確實，在古人眼裡，荷花的靈性是無人能及的。荷花也常常與女子的冰清玉潔相連在一起。《紅樓夢》中，賈寶玉在給晴雯的殁詞〈芙蓉女兒誄〉中就將素雅的芙蓉花與純潔的女性連繫在一起：

其為質，則金玉不足喻其貴；其為性，則冰雪不足喻其潔；其為神，則星日不足喻其精；其為貌，則花月不足喻其色。

在佛教之中，荷花更是崇高、聖潔的象徵。佛國又稱「蓮花淨土」，佛的最高境界是「蓮花藏界」，佛祖的塑像置於蓮臺之上，甚至連佛祖的坐姿（「左足先著右上，右足次著左上」）亦被稱為「蓮花坐」。佛教經典中記載著許多佛教創始人釋迦牟尼與蓮花相關的傳說。

據說釋迦牟尼（悉達多太子）的母親，長著一雙蓮花一般的大眼睛。悉達多太子降生之時，宮內的大池塘中突然長出了一朵白蓮花，大如車輪一般。就在這時，悉達多太子的舌頭中閃出了千道金光，而每道金光又化作一朵千葉白蓮，每朵白蓮的中間還坐著一位盤腳交叉、足心向上的小菩薩。也有傳說，悉達多太子出世後，立刻下地走了七步，每一步都生出一朵蓮花。

總而言之，蓮花即是釋迦牟尼誕生的象徵，釋迦牟尼因此也被稱為「蓮花王子」。

在佛教中，蓮花還被認為是修行程度的象徵。假如佛教徒誠心唸佛，那麼，西方七寶池中就會生出一朵蓮花。如果他能堅持精進佛法，那朵蓮花就會越長越大；如果他怠惰於修行，則蓮花就會漸漸枯萎，甚至敗落。而七寶池中的蓮花，則據傳說是世上萬物化生的源頭。

佛教究竟為何與荷花有著如此不解之緣？這與荷花「出淤泥而不染」的特質有著重要關係。荷花生長在淤泥之中，可花朵卻潔淨如水，不能不令人感嘆。而佛教認為人世間充滿著「六塵」(色、聲、香、味、觸、法)的汙染，慾望令人們難得平靜與潔淨，這繁雜的塵世正如荷花所生長的淤泥一般。

佛教旨在解脫人生的苦難，以佛法指引佛教徒們從人生苦海中超脫、重生。而要想進入彼岸的極樂淨土，就必須摒除一切惡念，清除所有的干擾，專心修佛。這種不受塵世汙染的願望，正與在汙泥濁水中保持超凡脫俗本體的荷花有著本質上的相通之處，因此「出淤泥而不染」的荷花自然就成為佛教理念最好的象徵物。

蓮（憐）藕（偶）多言情

相傳王母娘娘身邊有一個極其美貌的侍女，名為玉姬。一次，玉姬無意間看見人間男耕女織的生活，長久以來生活在天庭的她十分羨慕人間那些雙雙對對的夫妻。於是，在一次偶然的機會下，動了凡心的玉姬與河神的女兒一起偷偷離開天宮，來到杭州的西子湖畔。

西湖優美秀麗的風光讓玉姬不禁陶醉了，她忘情地在西湖中遊玩嬉戲，流連忘返，甚至直到天亮時分也不捨得離開。沒過多久，玉姬偷出天宮的事情就被王母娘娘知道了，娘娘十分生氣，便將玉姬罰入凡間，並讓她陷入西湖淤泥之中，永世不得再回天庭。從此以後，這位來自天庭的仙女便化為人間的荷花。

假如美麗的荷花是由仙女幻化而成的，那麼以荷花來形容女子的美好真是再恰當不過了，《西京雜記》中就曾以芙蓉花來形容卓文君的美貌。傳說南齊東昏侯曾用金子鑿成蓮花的形狀，貼在地上，令妃子行走在上面，並稱之為「此步步生蓮花也」。後人也因此稱美人之步伐為「蓮步」，而女子的纖纖細足為「金蓮」。宋代詩人孔平仲〈觀舞〉一詩就有「雲鬟應節低，蓮步隨歌舞」的句子。

除了美人，荷花似乎天生還與浪漫的愛情有著難解的緣分。

由於「蓮」與「憐」音同，蓮藕之「藕」字與配偶的「偶」字諧音，因此，古詩中有不少借寫蓮花或蓮藕來表達愛情的詩句。

南朝樂府民歌〈西洲曲〉中有名句：

採蓮南塘秋，蓮花過人頭。
低頭弄蓮子，蓮子清如水。
置蓮懷袖中，蓮心徹底紅。
憶郎郎不至，仰首望飛鴻。

這裡「蓮子」即「憐子」，表達「愛你」的意思；「蓮心」即「憐心」，意思是相愛之心。在虛虛實實的描寫之中，歌者以諧音雙關的修辭表達了一個女子對所愛之人深切的思念之情。這愛情如此純粹而美好，難怪打動人心。

同樣是寫〈採蓮曲〉，在白居易的詩作中，採蓮的姑娘也有了心愛的人兒：

菱葉縈波荷颭風，荷花深處小舟通。逢郎欲語低頭笑，碧玉搔頭落水中。

只見菱葉於水面靜靜飄蕩，荷葉在風中輕輕搖曳，荷花叢深處，一隻採蓮的小船輕快地穿梭著。採蓮的姑娘碰見自己的心上人，想跟他打招呼，又怕被別人笑話，只得低頭羞澀地微笑。恍惚之中，頭上的玉簪竟一不小心掉落到了水中。這情景多麼生動，那姑娘多麼可愛，讓人不覺會心一笑。

嬌豔的蓮花象徵著動人的愛情。在中國古代，荷包是男女之間定情的常見信物，傳遞著愛情的訊息。而兩花緊緊相依的並蒂蓮花，更是男女相依相偎、永不分離的象徵，因此人們常用「並蒂蓮開」表示夫妻之間形影不離、終身相伴、白頭偕老的愛情。

有合則有分。蓮藕之中有千萬條細絲，難解難分，很適合用來表現男女之間關係的纏綿繾綣。「藕斷絲連」這個成語，意思就是男女雖然分手，但情意未絕。

中國人對荷花的喜愛是長久而深厚的。在古代，一些主要的荷花產地會在每年的農曆六月二十四日這一天舉行觀蓮節。節慶的主要內容是在荷花塘中一邊泛舟，一邊賞荷，這也是愛侶結伴遊玩的好機會。

而七月十五中元節這天，一些地方又有放荷燈（河燈）的習俗。或以天然荷葉或琉璃製成盛器，點燭做燈，或將蓮蓬挖空，燃燭於內。製成之後，人們將荷燈沿河放下，任其隨波逐流，以此來普度水中漂泊的魂魄。而今天，放荷燈已成為一項帶有民俗色彩的文化娛樂活動。

第五節　欲知卻老延齡藥，百草摧時始起花——菊花

菊花，別名「壽客」、「金英」、「黃華」等，多年生菊科草本植物，其花瓣呈舌狀或筒狀，在中國有三千多年的栽培歷史。

在中國古代傳統文化中，菊花蘊含著吉祥、長壽等意義。例如，常青的松和晚開的菊花的組合被稱為「松菊延年」，用來祝願老人長壽；而長壽鳥仙鶴與菊花的組合也有類似的意思，名為「菊鶴延年」；古人還認為，菊花和枸杞都是神仙服食而能得長生不老的藥物，因此菊花與枸杞相組合也代表著長壽的美好願望。因為與菊花的關係密切，九月九日重陽節同時也被定為老人節。除此之外，鵪鶉、菊花與落葉意為「安居樂業」，螽斯與菊花則成「官居一品」……菊花還代表著一種對美好生活的追求。

共坐欄邊日欲斜，更將金蕊泛流霞。欲知卻老延齡藥，百草摧時始起花。

這是宋代大文豪歐陽脩所作〈菊〉詩，全詩似乎全著眼於人物活動和人物心理，卻從側面寫出了菊花的內在品質，可謂含蓄而巧妙。

傍晚時分，夕陽西斜，歐陽脩與友人坐在欄邊，一邊喝著美酒，一邊欣賞著金燦燦的菊花。這菊花是可以延年益壽的良藥，只在這百花凋零的時候才茁壯成長。此詩似乎在告訴我們：這世間的許多東西，如果像春花一樣淺薄浮躁，那總有一天會被時間淘汰；只有像菊花一樣經過深厚的累積，才能夠在寒冷的季節裡屹立不倒。

自有淵明方有菊

提到菊花，則不能不提到東晉詩人陶淵明。可以說，菊花正是由於陶淵明的青睞，而逐漸進入了中國主流文人的視野。這當然不意味著在陶淵明之前無人賞識菊花，正如南宋詩人范成大所說的那樣：「名勝之士未有不愛菊者，至淵明尤愛之，而菊名益重。」

陶淵明，字元亮，號五柳先生，世稱靖節先生，入劉宋後改名潛。年幼之時，陶淵明也曾懷著「大濟蒼生」的理想，投身於官場仕途之中。但是，黑暗的官場不僅不能使他發揮自己的才幹，反而令剛正不阿的他一次次感到失望乃至絕望。

在陶淵明入仕的第十三個年頭，他經由叔父陶逵的介紹，擔任彭澤縣令。到任八十一天時，潯陽郡督郵到彭澤縣巡視，屬吏告訴他要整肅衣冠迎接督郵。陶淵明受夠了這種趨炎附勢的生活，便說：「我豈能為五斗米，折腰向鄉里小兒！」之後辭去職務，結束了自己十三年的仕宦生活。五斗米是晉代縣令微薄的俸祿，後來人們即以「不為五斗米折腰」來比喻為人清高，有骨氣，不為利祿所動。

陶淵明辭官之後，隱居鄉里，過著自給自足的躬耕生活。而這時候，菊花成為了他最重要的夥伴和知己。

許多文獻都記載著這樣一則陶淵明與菊花的故事。

有一次，正值九月九重陽節時分，院子裡的菊花開得燦爛，正好適合邊飲菊花酒邊賞菊。可是，陶淵明卻苦於無錢沽酒。他只好獨自坐在庭院中的菊花叢裡，一邊痴痴地賞著菊花，一邊空食菊花。良久，一個穿著白衣的人向他走來，原來是朋友王弘送酒來給他了。陶淵明來了興致，便就著菊花暢飲起來，一直到喝醉了才回家。

其詩〈九日閒居〉序中說：

餘閒居，愛重九之名。秋菊盈園，而持醪靡由，空服九華，寄懷於言。

「九華」即菊花，無酒而空服菊花，看來這首詩就是為了記述這件事而作。詩云：

世短意常多，斯人樂久生。
日月依辰至，舉俗愛其名。
露淒暄風息，氣澈天象明。
往燕無遺影，來雁有餘聲。
酒能祛百慮，菊解制頹齡。
如何蓬廬士，空視時運傾！
塵爵恥虛罍，寒華徒自榮。
斂襟獨閒謠，緬焉起深情。
棲遲固多娛，淹留豈無成。

人生在世，不過是白駒過隙短短一瞬而已，人們害怕時間的流逝，害怕老去，因此特別渴望能夠長生不老。一年一度的重陽節如期而至了，這個以雙九為名的節日，因為「九」與「久」諧音，所以特別能夠喚起人們對於長壽的渴求。

在這個秋高氣爽的日子，露水淒淒，暖風已息，清澈的空氣縈繞四周，已經飛走的燕子沒有留下一絲蹤影，而北來的大雁則傳來聲聲餘響。據說酒能袪除心中的種種憂慮，菊花能夠使人延緩衰老，可是詩人的酒杯中什麼也沒有，只是積滿了灰塵。他不禁自嘆：難道我這隱居的貧士啊，只能讓這樣的佳節白白過去嗎？

詩人並不僅僅因為無酒可飲而悲傷，同時也悲嘆社會的黑暗與自身命運的坎坷。還好有盛開的菊花陪伴著這位孤獨的隱者，使他不致絕望而消沉。

陶淵明將菊花作為一種觀賞植物栽植於庭院之中，這被認為是我國最早出現的家菊。愛菊成痴的陶淵明常常將菊花作為詩歌的吟詠對象，其中最有名的莫過於〈飲酒〉組詩的第五首：

結廬在人境，而無車馬喧。
問君何能爾？心遠地自偏。

採菊東籬下，悠然見南山。
山氣日夕佳，飛鳥相與還。
此中有真意，欲辨已忘言。

這首詩表現出陶淵明隱居生活的真正意趣。「心遠地自偏」，即只要自己心裡安寧，思想擺脫了世俗的束縛，縱使身處鬧市之中，也與居住在僻靜之地是一樣的。這種絕不與凡俗同流合汙的決心正是陶淵明能夠保持自己獨立人格的原因。

「採菊東籬下，悠然見南山」一聯，極為後人所稱道，蘇東坡曾贊其「境與意會，最為佳妙」。傲霜超俗的菊花，正如卓然挺立的詩人一樣，都是這世上的孤獨者，因此，詩人才以菊花作為自己精神的安慰。在採菊的間隙，偶然瞥見的南山，寂靜而美好。一切都顯得如此自然而然，悠閒自在。而從此以後，菊花也成為隱逸的代表。

唐以後，菊花逐漸成為陶淵明的象徵，兩者之間的關係簡直密不可分。文人寫菊花，常常也會寫到愛菊的陶淵明。

如辛棄疾〈浣溪沙〉：

自有淵明方有菊，若無和靖即無梅。

李白〈九日登山〉：

淵明歸去來，不與世相逐。為無杯中物，遂偶本州牧。因招白衣人，笑酌黃花菊。

楊萬里〈賞菊〉：

菊生不是遇淵明，自是淵明遇菊生。歲晚霜寒心獨苦，淵明元是菊花精。

「東籬」也因此成為詠菊花的固定搭配之一，如鄭板橋〈畫菊與某官留別〉：

吾家頗有東籬菊，歸去秋風耐歲寒。

後人以菊花喻陶淵明，其實是以菊花的不畏嚴寒來讚譽他傲骨錚錚的脊梁和潔身自好、安貧樂道的高尚品質。菊花與陶淵明，就像一對拆分不開的知己，互相扶持，互相安慰，就這麼相伴著，走在歷史的長路上。

理用相兼宋人愛

唐人摯愛牡丹，而宋代文人則推重菊花，因為菊花最符合他們理用相兼的評價標準。菊花傲霜而立，有君子之風度、隱士之氣質，同時，又有很高的實用價值。對此，宋人劉蒙說得很準確：

夫以一草之微，自本至末無非可食，有功於人者，加以花色香態纖妙閒雅，可為丘壑燕靜之娛。然古人取其香以比德，而配之以歲寒之操，夫豈獨然而已哉！

菊花不僅實用價值高，「有功於人者」，而且還有審美功能，同時兼備「歲寒之操」，難怪為宋代士大夫所青睞。

南宋胡少淪曾概述了菊花的七大功效，謂之「七美」：

嘗試述其七美，一壽考，二芳香，三黃中，四後凋，五入藥，六可釀，七以為枕，明目而益腦，功用甚博。

其中，「黃中」是以五行的觀念來描述菊花的黃色，「芳香」、「黃中」、「後凋」都是指菊花的自然屬性。而其餘四美則涵蓋了菊花的食用及藥用功能。

關於菊花的實用價值，同為南宋人的史正志所言則更為簡潔：「苗可以菜，花可以藥，囊可以枕，釀可以飲。」

作為常用中藥材，菊花不僅能夠疏風、清熱，更有明目、解毒的功效，有助於治療冠心病、降低血壓、預防高血脂、抗菌、抗病毒等。正如明人李時珍的《本草綱目》中所記載：

菊，春生夏茂秋花冬實，備受四氣，飽經露霜，葉枯不落，花槁不零，味兼甘苦，性稟中和。昔人謂其能除風熱，益肝補陰，蓋不知其得金水之精英，尤多能益金水二臟。

古人認為菊花能夠益壽延年，多有服食菊花而成仙升天的記載。

據東漢《風俗通》記載，南陽酈縣有處地方名為甘谷，谷中的泉水十分甘甜。傳說山上有大片菊花，泉水正是從那裡流出來的。有了這被菊花滋養過的泉水，谷中三十幾戶人家不再打井了，全都喝這泉水。久而久之，人人都身體康健，年紀最大的活到一百二三十歲，活到百歲的也不少，最短命的也有七八十歲。

在現實生活中，僅僅依靠菊花就想達到長命百歲，甚至長生不老的目的是很難的，但適當並正確地服用菊花製品確實有延年益壽的保健養生效果。事實上，陶淵明對於菊花酒的喜愛，也許亦與其養生的需求相關。據記載，陶淵明的身體狀況一直不佳，而其詩歌中亦不乏養生保健的內容。可以說，除了菊花所象徵的品質之外，他也重視菊花的藥用價值，而這種傾向在宋人那裡得到了傳承和發展。

宋代士大夫重視理用兼備的菊花，進一步闡發出其君子人格，正如劉克莊所言：

菊之名著於周官，詠於詩騷。植物中可方蘭桂，人中唯靈均、淵明似之。

其首先推重菊花的歷史，進一步認為菊花的品格只有蘭、桂這樣不俗的香草才能夠媲美，也只有如屈原、陶淵明這樣的高潔之士才可以相比。正是出於這種莊重的價值觀，宋人只將黃色與白色作為菊花之「正色」，而將其他視作雜色。宋代劉蒙的《劉氏菊譜》是我國第一部菊譜，其中以黃為正，其次為白，再次為紫，而後為紅，這種排列順序對後代影響很深。

出於這種審美觀，與其他花卉相比，宋人也很少將菊花比喻為女子。這是因為宋人認為菊花好似君子，若勉強將其比作女子，是對其的不尊重。對此，劉蒙也曾作出解釋：

愚竊謂菊之為卉，貞秀異常，獨能悅茂於風霜搖落之時，人皆愛之，當以賢人君子為比可也。若輒比為女色，豈不汙菊之清致哉？

但這也不是絕對的，宋代著名女詞人李清照就曾以菊花自比：

薄霧濃雲愁永晝，瑞腦銷金獸。佳節又重陽，玉枕紗廚，半夜涼初透。

東籬把酒黃昏後，有暗香盈袖。莫道不銷魂，簾卷西風，人比黃花瘦。

這首〈醉花陰〉，是新婚不久的李清照向離家外出的丈夫趙明誠表達相思之情的作品。

據說趙明誠收到這首詞作之後，讚嘆不已，隨即又燃起了好勝的念頭，想要寫一首比它更好的詞。他甚至為此閉門謝客三天，廢寢忘食，終於創作出五十首詞作。隨後，趙明誠將所有的作品都交給朋友陸德夫評鑑，中間還夾雜著李清照的那首〈醉花陰〉。陸德夫讀罷，告訴趙明誠：「這其中，只有三句最佳。」趙明誠忙追問是哪三句。陸德夫答道：「莫道不銷魂，簾捲西風，人比黃花瘦。」從此，趙明誠對妻子的才學甘拜下風。

在這首詞作中，李清照刻畫出一個栩栩如生的思婦形象。又是重陽，人逢佳節倍思親，獨自在家的詞人，輾轉難眠。「東籬」二字從陶淵明詩中化出，有一種淡淡的隱者氣息；而「人比黃花瘦」五個字，把因為思念夫君而失魂落魄、消瘦不已的自己比作菊花，更是唯妙唯肖，令人稱絕。

李清照對菊花的偏愛，一直延續到晚年。然而，國破家亡、丈夫早逝，以及貧寒拮据的生活摧殘著這位敏感的詞人，漸漸讓她筆下的菊花變得愈加悲涼而沉重了。在其晚年的代表作〈聲聲慢〉中，一句「滿地黃花堆積，憔悴損，如今有誰堪摘」，道出多少淒涼與哀愁，令人不禁黯然神傷。

傲霜氣勢悲秋意

菊花為什麼以「菊」為名呢？有一種說法很有意思：「菊本做鞠，從鞠窮也，花事至此而窮盡也。」百花凋零，菊花始開，因此，菊花本質上就帶有一種時令的象徵意義。古人將菊花開放的季節稱為「菊花天」，陸游詩作中就出現了「魚市人家滿斜日，菊花天氣近新霜」的句子；而四川等地現在還流行著「過了九月九，下種要跟菊花走；菊花開滿山，豆麥趕快點」的農事諺語。

除了時令的象徵意義，在傳統文化中，菊花還有豐富的寓意。

菊花是君子美好品德的代表。在〈離騷〉中，除了蘭與荷，菊的意象也多次出現：

「朝飲木蘭之墜露兮，夕餐秋菊之落英。」這裡的「朝飲」和「夕餐」使用了互文的修辭，即早晚都要服食木蘭花上的露水與菊的落花；而「木蘭之墜露」與「秋菊之落英」又有一種象徵意義，即代表著美好的品德，所以屈原實際上是表示自己早晚都要進行自我修養，以達到品德完善的境界。

受到屈原的影響，古人多將菊花與德行相連繫。《晉書．羅含傳》中記載了一件奇事：桂陽耒陽人羅含為官十分清正，年老辭官回鄉，當他到家的時候，庭院裡忽然生出了叢叢蘭花和菊花。人們都認為這些花是受羅含德行所感才長出的。

菊花的外表十分柔弱，然而在寒冷氣候中開放的它，自有一種凌風傲霜的骨氣，因此菊花同時也是自強不息精神的代表。

南宋著名女詩人朱淑真的一生十分不幸。出生官宦之家的她自小就顯露出過人的才華，少女時期曾有過一段美好的戀愛經歷。然而，戀情遭到了父母的反對，她不得已而由父母主婚，嫁給了一個俗吏。最終，她因與丈夫志趣不合，憤然回到母家長住，終生鬱鬱寡歡，含恨而死。

性格剛烈的朱淑真曾作〈黃花〉一詩，表達自己絕不妥協的決心。

土花能白又能紅，晚節猶能愛此工。寧可抱香枝上老，不隨黃葉舞秋風。

詩歌以擬人的手法，寫出了菊花的堅決：寧可在枝頭上含香而枯萎，也不願意像沒有氣節的黃葉一樣被秋風吹得四處飄舞。這種強烈的抗爭精神不僅屬於菊花，同時也屬於不願屈服的詩人，物我合一的強烈情感躍然紙上。

待到秋來九月八，我花開後百花殺。沖天香陣透長安，滿城盡帶黃金甲。

這首氣勢恢宏的〈不第後賦菊〉為晚唐農民起義領袖、大齊皇帝黃巢所作。黃巢不僅精通武藝，而且能詩能文，然而即便如此，他仍然在科舉考試中落第。科場的勢力讓他看到了晚唐考場的黑暗和吏治的腐敗，因此升起了興兵反唐的決心。這首詩就是他落第之後，借詠菊花來抒發自己懷抱的作品。

「我花」即指黃菊，也暗指姓黃的詩人本身。菊花盛開，香氣溢滿長安，正暗示著黃巢要帶領農民起義軍占領長安。「黃金甲」既指菊花，也用來比喻農民起義軍的金盔金甲。整首詩豪情萬丈，充滿了抗爭的力量和勇氣。

菊花自有其強韌的一面，然而，在秋風蕭瑟中孤獨盛開的它，也很容易觸動中國古代文人那根敏感的悲秋的神經。

酒出野田稻，菊生高岡草。
味貌復何奇，能令君傾倒。
玉椀徒自羞，為君慨此秋。
金蓋覆牙柈，何為心獨愁。

這首感傷的〈答休上人菊詩〉出自南朝詩人鮑照之手。鮑照雖然才高，但在當時極講究門第的士族社會，卻因為家境貧寒而始終懷才不遇。詩人感覺自己就像是那高岡之上燦爛高潔的野菊花一樣，不為世俗之人所欣賞。他雖然聲聲勸慰野菊不要感慨發愁，卻難掩自己心底無盡的哀傷。

同樣以野菊自寓的詩人還有李商隱：

苦竹園南椒塢邊，微香冉冉淚涓涓。
已悲節物同寒雁，忍委芳心與暮蟬？
細路獨來當此夕，清尊相伴省他年。
紫雲新苑移花處，不取霜栽近御筵。

野菊生長在苦竹、椒塢這些非名貴植物的旁邊，只能默默地散發自己的淡香，彷彿一位柔弱的女子，生於惡劣的環境之中，只好暗自垂淚。「寒雁」、「暮蟬」都是寒秋極具特徵性的景物，在這樣孤獨的秋天中，野菊的寂寞就是詩人的寂寞。失意的詩人走在無人的小路上，回憶起那些感傷的往事；又聯想到野菊是沒有資格被移植至皇帝的宴席旁的，就彷彿自己沒有建功立業的可能。

相較於鮑照，李商隱顯然更直接地表達了自己的悲傷。李商隱雖然不想參與政治鬥爭，卻還是不可避免地被捲入晚唐的牛李黨爭之中，並因此仕途坎坷，終生不得志。在這首詩中，詩人將自己的命運與無人在乎的野菊連繫在一起，自有一種徹骨的蒼涼。

第六節　日日錦江呈錦樣，清溪倒照映山紅——杜鵑

杜鵑，杜鵑花科杜鵑花屬木本植物的統稱，別名「映山紅」、「山石榴」等。杜鵑花是一個大屬，全世界約有九百種，其中中國有五百三十餘種，占全世界的百分之五十九，特別集中於雲南、西藏和四川三省區的橫斷山脈一帶。其中，貴州西部黔

西縣與大方縣交界處有一個名為「百里杜鵑」的地方，是一條延綿五十公里的自然野生杜鵑林；而湖北龜峰山風景區保留有十萬畝原生態古杜鵑群落，是迄今發現的最大的古杜鵑原始群落。

杜鵑花屬種類多，總體喜涼爽、濕潤氣候，而不耐酷熱乾燥；多為灌木或小喬木，最小的植株只有十公分高，貼地面生；最大的高達二十公尺，巍然挺立，蔚為壯觀。除可供觀賞外，有的杜鵑花有一定藥用價值，如東北滿山紅和貴州黃杜鵑分別是鎮咳平喘和止痛麻醉的良藥；有的可提取芳香油；有的可食用。另外，高山杜鵑花根系發達，有很好的保持水土的作用。

據說，滿山杜鵑花盛開的時候，就會有愛神降臨；而看到此景的人，則會收穫愛的喜悅。這傳說的真實性有待考究，不過，漫山遍野的杜鵑花盛放，那一定是美不勝收的風景。且看楊萬里的這首〈明發西館晨炊藹岡〉：

何須名苑看春風，一路山花不負儂。日日錦江呈錦樣，清溪倒照映山紅。

錦江位於四川，蜀地正是出產杜鵑花的名所，那裡的杜鵑花植株高、顏色好。如此色彩豔麗的杜鵑花綻放滿山，何須特意去那所謂的名苑賞花呢？走在山路上，一路山花的美好絕對不會辜負你我的期許。日日繁花似錦，處處火紅爛漫，嬌豔的花朵倒映在清澈的溪水之中，真是好一幅令人心情爽朗的風景畫！

杜鵑花裡杜鵑啼

花鳥同名是一種較少見的現象，而杜鵑正是如此。杜鵑鳥是一種身體黑灰色，尾巴有白色斑點，腹部有黑色橫紋的鳥。杜鵑鳥常在初夏時晝夜不停地叫，叫聲十分淒厲，文人認為其「慣作悲啼」。杜鵑鳥有許多別名，如「杜宇」、「布穀」或「子規」等。

在傳統文化中，杜鵑鳥與杜鵑花之間有著千絲萬縷的連繫，這一切都要追溯到望帝杜宇。關於杜宇的傳說，有許多不同的版本。

傳說古時候的蜀國是一個富庶而安寧的國家，人們自給自足，過著無憂無慮的生活。蜀國有一位非常勤勉而認真的國君，名叫杜宇，被稱為望帝。他十分關心老百姓的生活，親自指導百姓的農業生產，叮囑百姓遵守農時。百姓們十分擁護這位賢明的君王。

不過，那時候的蜀國存在著一個很大的問題，就是經常發生水災。雖然望帝想盡各種方法來治理水災，但始終無法從根本上解決水患問題。

終於，一場罕見的大洪水爆發了，老百姓們死的死，逃的逃，蜀國陷入了一片混亂之中，人口銳減。宰相鱉靈受望帝的委託，臨危受命，擔負起治理洪水的重責。他帶領民眾將巫山打通，使水流從蜀國流到長江，終於根除了水患。

就這樣，鱉靈解決了常年困擾蜀國的水患問題，使百姓們又重新過上了安居樂業的生活。望帝十分感激鱉靈的治水之功，便自願把王位禪讓給鱉靈，而自己則退隱山林。鱉靈就成了叢帝。

後來，望帝去世了，靈魂化成一隻杜鵑鳥。他生前愛護百姓，死後仍然惦記著他們的生活。每到播種的節氣，他都不厭其煩地飛到田間一聲聲地鳴叫：「快快布穀，快快布穀！」因此，人們又把杜鵑鳥稱作「布穀鳥」或「催耕鳥」。

再後來，蜀國為他國所滅，有著亡國之痛的望帝仍然捨不得丟開他的臣民，常常在空中哀啼，長鳴著：「不如歸，不如歸！」甚至喊到口吐鮮血。望帝嘴角的血滴滴入土壤中，長出了殷紅如血的花朵——杜鵑花。

當然，這個傳說只是出於古代人民的想像。杜鵑花與杜鵑鳥之間，本身沒有什麼科學上的關聯。只是杜鵑鳥的嘴角上有紅色的斑斕之紋，看上去就好像啼血一般；而杜鵑鳥的啼鳴期與杜鵑花的盛開期又恰好吻合，因此才出現了這樣的傳說。

只是，火紅的杜鵑花，盛開在漫山遍野之中，開得那麼熱烈，那麼令人動容，自然而然會讓人聯想到充滿生命力的鮮紅的血液吧。而那彷彿在用盡全身的力氣回報春光的舉動，不正如同全心全意掛念臣民、追憶國家的望帝一樣倔強嗎？

杜鵑花和杜鵑鳥也因此成為古詩詞中難以分割的意象組合。宋晏幾道有「杜鵑花裡杜鵑啼」之句，明楊慎也作「杜鵑花下杜鵑啼」，唐人成彥雄更是直接道出杜鵑花與杜鵑鳥的纏綿緣分：

> 杜鵑花與鳥，怨豔兩何賒。疑是口中血，滴成枝上花。

雍陶亦言：

> 碧竿微露月玲瓏，謝豹傷心獨叫風。高處已應聞滴血，山榴一夜幾枝紅。

「謝豹」也是杜鵑鳥的別名，杜鵑鳥在黑夜中孤單地鳴叫著，從高處滴下鮮紅的血液，一夜之間染紅了幾枝山石榴（杜鵑花）。

而宋代高僧擇璘〈詠杜鵑花〉一詩的開首兩聯，則如一幅春日杜鵑圖躍然紙上：

蠶老麥黃三月天，青山處處有啼鵑。斷崖幾樹深如血，照水晴花暖欲然。

三月時節，正是蠶老麥黃，一片明媚春光。青山之中，處處都有啼叫著的杜鵑鳥；而斷崖處，幾樹深紅如血的杜鵑花正迎風綻放，花朵鮮豔得彷彿要燃燒起來一樣，讓人從心底感到陣陣溫暖。這正是杜鵑鳥與杜鵑花交相輝映的絕佳描繪。

由於望帝啼血的傳說深入人心，與「蜀帝」相關的一些詞彙和典故也多次出現在吟詠杜鵑花的作品中。如明人袁袠〈自柳至平樂道中書事〉將杜鵑花直接稱為「蜀帝花」：

屋覆湘君竹，山開蜀帝花。

而最淺顯易懂的當屬徐凝之〈玩花〉：

朱霞焰焰山枝動，綠野聲聲杜宇來。誰為蜀王身作鳥，自啼還自有花開。

杜鵑花之色與杜鵑鳥之聲，相互應和。「自」字說的就是花鳥同名，難分難解，十分有趣。

又如唐人韓偓的〈淨興寺杜鵑〉，再次提及啼血之事：

一園紅豔醉坡陀，自地連梢簇蒨羅。蜀魄未歸長滴血，只應偏滴此叢多。

而在唐吳融的〈杜鵑花〉中，蜀帝的魂魄化作杜鵑鳥啼叫還不夠，更要憑藉杜鵑花鮮豔的色彩來傾訴心意，真是執著非常：

春紅始謝又秋紅，息國亡來入楚宮。應是蜀魂啼不盡，更憑顏色訴西風。

至今染出懷鄉恨

望帝杜宇既有亡國之恨，杜鵑花也因此染上一層深深的悲劇色彩。在望帝啼血的傳說中，望帝魂魄化作的杜鵑鳥聲聲啼鳴著的「不如歸」，觸動了無數文人思鄉的心弦。

安史之亂發生的第二年，李白感憤時艱，希望有所作為，便加入了永王李璘的幕府。後來，永王與肅宗爭奪帝位，並不幸失敗，李白受到牽連，被迫流放夜郎（今貴州境內），流放途中遇到大赦，漂泊於東南一帶，不久病卒。

蜀國曾聞子規鳥，宣城還見杜鵑花。一叫一迴腸一斷，三春三月憶三巴。

這首〈宣城見杜鵑花〉正是李白遇赦後，流落江南一帶時所作。已是遲暮之年的李白，寄人籬下，疾病纏身，晚景很是淒涼。正是暮春三月，寄寓在宣城的李白，眼中突然出現一片熟悉的紅色——原來是杜鵑花開了。在家鄉蜀中，每逢杜鵑花開的時候，子規鳥就開始啼鳴了。子規鳥就是杜鵑鳥，同名的花鳥勾起了詩人無盡的聯想。

想當年，他從家鄉離開的時候，一心想要在外有一番驚天動地的作為，等到功成名就的時候，再衣錦還鄉。可是時至今日，卻依然是碌碌無為的孑然一身，他有何臉面回去見蜀中父老呢？再說，就算他想回鄉，托著老邁的病體，又能走多遠呢？

漂泊無依的詩人，遙望著千里之外的故鄉，耳邊彷彿響起了熟悉的杜鵑鳥的啼叫聲，那聲音沒完沒了，無窮無盡，詩人的愁腸也斷成一寸一寸了。杜鵑花開、子規悲啼全都陷入深刻的斷腸之痛之中，只留下一片蒼涼的哀愁。

同樣見花思鄉的還有宋代詩人楊巽齋：

鮮紅滴滴映霞明，盡是冤禽血染成。羈客有家歸未得，對花無語兩含情。

鮮紅的杜鵑花在霞光的映照下更顯奪目，而那鮮豔的色彩都是由含恨的杜鵑鳥之血染成的吧。背井離鄉的詩人彷彿那失去國家的杜宇，有家歸不得，只能默默對著同樣悲傷的杜鵑花，傾訴衷腸。在物我合一的氛圍中，透露出一絲深深的感傷。

詩人真山民的懷鄉之情更是真摯感人：

愁鎖巴雲往事空，只將遺恨寄芳叢。
歸心千古終難白，啼血萬山都是紅。
枝帶翠煙深夜月，魂飛錦水舊東風。
至今染出懷鄉恨，長掛行人望眼中。

所有對家鄉的思念都只能寄託在滿山的杜鵑花中，雖有不甘卻無能為力。恐怕只有在無人的月夜，才能魂飛故鄉看看故地吧。那片觸目的紅色，就這麼無聲無息染成了懷鄉之恨，常在遠行之人眼裡飄蕩著。

離人們到底為杜鵑花惹出了多少離人淚，誰也不知道。但在楊萬里的詩中，杜鵑鳥的血已不是杜鵑花鮮紅色彩的唯一理由了。楊萬里認為，產生那樣的說法，只是杜鵑花開恰逢杜鵑鳥啼罷了。是啊，杜鵑鳥又能嘔出多少鮮血呢？真正染紅了花朵的，應該是那些遠行的人們掉下的眼淚吧：

泣露啼紅作麼生？開時偏值杜鵑聲。杜鵑口血能多少，不是徵人淚滴成？

除了懷鄉之情，也有詩人藉由杜鵑花的悲劇色彩來表達壯志未酬的感慨，如唐代詩人方干：

未問移栽日，先愁落地時。
疏中從間葉，密處莫燒枝。
郢客教誰探，胡蜂是自知。
周回兩三步，常有醉鄉期。

方干雖有才華，卻始終不得志，終生未仕。詩歌開首即點出「愁」字，而所用典故皆是曲高和寡之意。詩人徘徊在杜鵑花前，借酒消愁，咀嚼著自己人生的不幸。而花雖無言，卻能以自己的美麗給詩人帶來一絲安慰吧！

紅色的杜鵑花容易讓人聯想到鮮血，所以有悲傷的色彩。然而，白色的杜鵑花似乎也並不令人歡快。清人陳至言曾作〈白杜鵑花〉：

蜀魄何因冷不飛？空山一片影霏微。

那須帶血依芳樹，自可梳翎弄雪衣。
細雨春波愁素女，清風明月泣湘妃。
江南寒食催花候，腸斷無聲莫喚歸。

白色的杜鵑花掛在枝頭上，空寂的初春山嶺，一片迷濛。杜鵑花雪白的花瓣沒有了血跡，若化作鳥兒自可梳理那潔白的羽毛了。純潔的白杜鵑花，就像寂寞的嫦娥在細雨春波之中徘徊，又像孤獨的湘妃在清風明月之中哭泣。全詩至此，已是十分悲戚，詩人又在末尾點出「腸斷」二字，更添幾分惆悵。

今日多情唯我到

杜鵑花時夭豔然，所恨帝城人不識。丁寧莫遣春風吹，留與佳人比顏色。

在這首詠杜鵑詩中，中唐文人施肩吾埋怨長安人不識杜鵑花的美豔。不過，有心之人自會發現杜鵑花之美好，而杜鵑花也會用它自己的方式回報有緣人。

唐代有一位道士，名為殷七七，十分愛花。時鎮浙西的周寶以師禮敬重殷七七。當時鶴林寺有一株有名的杜鵑花，高丈餘，每年春末盛放，十分美豔。有一天，周寶突發奇想，對殷七七說：「鶴林寺的杜鵑花天下奇絕，聽說您能讓未到花期的花開放。如今重陽節快要到了，您能讓這鶴林寺的杜鵑花開，助助興嗎？」

於是，殷七七就在重陽節前兩日住進了鶴林寺。半夜裡，一位女子來到殷七七的面前，說：「我是天帝派來掌管這株杜鵑花的仙子，如今就為有道之人開放一次吧。」第二天，那株杜鵑果然長出了花蕊。到了重陽節的時候，花開爛漫如春日。

這當然只是個傳說，不過，花也許真能感應人心。要知道，古往今來，喜愛杜鵑花的人可是不少呢！

在中國古代，冬至後一百零五日，即清明節前的一兩日，人們會禁煙火，只吃冷食，是為寒食節。杜鵑花的花期多在寒食節前後，因此吟詠杜鵑花的詩詞也多出現寒食節的意象。如唐人曹松的〈寒食日題杜鵑花〉：

一朵又一朵，並開寒食時。誰家不禁火，總在此花枝。

輕快而直白的語言，透露出詩人對杜鵑花的喜愛之情。在這家家戶戶都禁煙熄火的節日裡，枝頭上燦爛的杜鵑花彷彿火焰一般燃燒著，十分可愛。

而說起喜愛杜鵑花的文人，則不得不提唐代大詩人白居易。相傳白居易被貶任江州司馬之時，曾特意將野杜鵑花移到庭院裡種植，愛花之情可見一斑。

白居易一生作過多首吟詠杜鵑花的詩作，其中最廣為人知的當屬〈山石榴·寄元九〉，其中名句有：

日射血珠將滴地，風翻火焰欲燒人。
閒折兩枝持在手，細看不似人間有。
花中此物似西施，芙蓉芍藥皆嫫母。

陽光下，杜鵑花鮮紅欲滴。一陣風過，花瓣隨風擺動，好似火焰，簡直就像要燃燒起來一樣。詩人細細端詳手中的杜鵑花，這樣美麗的花啊，真不像是人間該有。白居易將心愛的杜鵑花比作美人西施，相比之下，那些芙蓉、芍藥之流，全都黯然失色了。

事實上，杜鵑花中還真有一個名為「西施花」的品種。其花冠呈白色至淡紅色，堪稱花中之花，因此被稱為「西施花」或「西施杜鵑」。

白居易可不止一次將杜鵑花凌駕於他花之上，另一首〈山枇杷〉亦有：「回看桃李都無色，映得芙蓉不是花。」要說桃花、李花、芙蓉花，也都是十分有名的花卉，但在白居易心裡，可都差了杜鵑一大截。他甚至在〈山石榴花十二韻〉中將杜鵑花封為百花之王：「好差青鳥使，封作百花王。」

摯愛杜鵑花的白居易，甚至把杜鵑當成了親愛的朋友。有一次，他不辭勞苦去玉泉南澗看杜鵑花，特意作詩一首，表達對杜鵑之深情：

玉泉南澗花奇怪，不似花叢似火堆。
今日多情唯我到，每年無故為誰開。
寧辭辛苦行三里，更與留連飲兩杯。
猶有一般辜負事，不將歌舞管弦來。

在這首詩中，白居易使用的完全是一種與杜鵑花對話的口吻：「鮮豔火紅的杜鵑花啊，要說妳是花叢，倒不如說是一堆火焰吧。今日開得這樣燦爛，是因為我來看妳嗎？可是觀者不是天天都有，那麼每年妳都為了誰而盛放呢？我辛辛苦苦地趕了許多路來這裡看妳，只為了能和妳對飲幾杯，說說心事。不過，有那麼一件事我對不起妳，沒帶歌舞管弦來與妳共賞，真是抱歉啊！」

這樣的語言，淺顯直白卻情深意切，恐怕只有愛花之人才能如此「痴」，如此

「傻」，也如此浪漫吧！

第七節　借水開花自一奇，水沉為骨玉為肌——水仙

水仙，石蒜科水仙屬多年生草本植物，性喜溫暖、濕潤，喜陽光充足。水仙花為白色，呈傘房花序。

水仙花主要有兩大品種：一種為單瓣，六片白色花瓣向四邊展開，中間有一個酒杯狀的金黃色花冠，形似六棱白玉盤托起一盞金酒杯，故有「金盞銀臺」的美稱；另一種是複瓣，花瓣卷皺，上端素白，下方淡黃，層層疊疊，彷彿少女的裙裝，別名「玉玲瓏」或「百葉花」。

宋徽宗建中靖國元年，著名詩人黃庭堅在荊州見到了水仙花，從此與其結下了不解之緣。在之後的創作生涯中，黃庭堅創作了不少吟詠水仙的佳作。楊萬里的〈千葉水仙花〉一詩中就曾寫道：「向來山谷相看口，知是他家是當家。」「山谷」即黃庭堅的號，楊萬里在這裡就是誇讚黃庭堅善寫水仙詩。

借水開花自一奇，水沉為骨玉為肌。暗香已壓酴醾倒，只比寒梅無好枝。

這首〈次韻中玉水仙花〉就出自黃庭堅之手。詩人從水寫起，抓住了水仙生長環境的獨特性；而水的清澈透明，又能夠突出水仙花的清雅純潔。晶瑩剔透的水仙花彷彿以沉香木為骨，以美玉為肌，惹人憐愛；而其幽香撲鼻，又直逼酴醾（荼蘼）、寒梅，沁人心脾。同是雪中生長的花卉，梅花傲霜鬥雪，氣概萬千；而水仙與之相比，雖「無好枝」，卻別有一番柔弱的氣質。

請君來識水仙花

關於水仙花的原產地，有兩種說法。一種觀點認為水仙起源於中國，如《御定佩文齋廣群芳譜》中所言：

水仙，六朝人呼為雅蒜。此花外白中黃，莖幹虛通如蔥，本生武當山谷間，土人謂之天蔥。

另一種觀點認為水仙起源於地中海一帶，在唐初由地中海地區傳入中國，於五代及宋初逐漸傳播開來。現在人們普遍認同的是這一種觀點。水仙花在中國栽培之後，逐漸受到廣大人民的喜愛，並傳入日本等國。至於上述記載，應該是由於有一些水仙花在栽培過程中逸為野生。

古代文獻中關於水仙花的最早記載，出現在唐人段成式所著《酉陽雜俎》中，其支持後一種觀點：

柰祇出拂林國，根大如雞卵，葉長三四尺，似蒜，中心抽條，莖端開花六出，紅白色，花心黃赤，不結子，冬生夏死，取花壓油，塗身去風氣。

這裡所謂的「柰祇」顯然跟我們今天所見的水仙非常相似，這一點，《本草綱目》的作者李時珍也注意到了，並言：「據此形狀與水仙彷彿，豈外國名謂不同耶？」「拂林」在中國古代史書中是對古羅馬的稱謂。這種由古羅馬傳入中國的紅白色水仙花在唐代是稀有的珍品，唐玄宗曾以此為御品，賞賜十二盆給楊貴妃的姐姐虢國夫人，花盆皆為金玉所製。可見當時水仙花僅限於皇親國戚在宮廷內玩賞，身價貴重，平民難以企及。

「柰祇」應該是音譯名，可能來自當時波斯語的「nargi」，至於「水仙」一名究竟是如何確立的，就無處可考了。不過，一般都認為這一名字來源於水仙花與水的密切關聯。

明人高濂的《遵生八箋》就說水仙花「因花性好水，故名水仙」；李時珍也認為「水仙宜卑濕處，不可缺水，故名水仙」。雖然不知道最早提出這一名稱的人是誰，不過這個名字的確名副其實，因此也就得到了廣泛的認可。

水仙花的外形與樸素的蔥蒜有些相似，但卻與之有著天壤之別，其芬芳的特質，常令人將之與蘭花相比，宋人胡寅就有「只有春蘭僅比渠」之句，因此水仙又名「麗蘭（儷蘭）」。

水仙花還有許多別稱，除了上述已經提到的以外，最有意思的莫過於「姚女花」和「女史花」了。

傳說有一個姓姚的婦人，住在長離橋附近。十一月的一天，天氣非常寒冷，婦人夢見觀星墜落到地上，化成了一叢水仙花，姿態嬌美，香氣怡人。她看著十分喜歡，就摘下一些水仙花吃了。婦人醒來之後，竟然生下了一個女兒，長得十分美麗，且知書達理，聰敏過人，能文能詩。

由於這個傳說，人們就將水仙花稱為「姚女花」，而因為觀星即女史星，所以又稱「女史花」。

北宋早期，許多地方雖然已經開始種植水仙花，但整體來說，水仙花還是屬於比較珍貴的稀有花卉。北宋早期詠水仙的幾首詩歌，如〈從厚卿乞移水仙花〉、〈劉邦直送早梅水仙花四首〉和〈王充道送水仙花五十枝，欣然會心，為之作詠〉等，都出現了「乞」、「送」的字眼，說明這個時候，水仙花還不是十分常見，而因此成為饋贈佳品。

靖康之難後，宋人南遷，水仙花也傳播到更適宜其生長的南方，逐漸扎根下來。更多的文人開始注意到這種氣質純淨、香味芬芳的花卉。文人周紫芝七十歲時在江西九江第一次看到水仙花，一見傾心，興奮不已，於是題詩記此事，題目即為〈九江初識水仙〉，首句就言「七十詩翁鬢已華，平生未識水仙花」，並贊水仙之純潔：「世上鉛華無一點，分明真是水中仙。」

隨著水仙的受歡迎程度越來越高，盆栽水仙也逐漸普及開來。楊萬里〈添盆中石菖蒲水仙花水〉就言：

> 舊詩一讀一番新，讀罷昏然一欠伸。無數盆花爭訴渴，老夫卻要作閒人。

可見水仙是作為盆栽放置在文人的書房中的。想來嚴寒冬日，書房中一盆清澈的淺水，幾塊形態各異的石頭輕壓一簇白色根鬚，翠葉婀娜，淡花雅緻，還有幽幽清香徐徐飄來，真是清雅非常。

除此之外，水仙也與蠟梅一樣，被文人用來插瓶，且常與蠟梅搭配使用，如范成大〈瓶花〉一詩：

水仙攜蠟梅，來作散花雨。但驚醉夢醒，不辨香來處。

後代也十分推崇這種水仙與梅花的組合，明人王世懋所著《學圃雜疏》中就曾言：「水仙宜置瓶中，前接蠟梅，後接江梅，真歲寒友也。」

事實上，宋代文學也確立了一種水仙與梅花合詠的模式。黃庭堅就有「山礬是弟梅是兄」之句，將梅花稱為水仙花的兄長。而清人宮夢仁所編《讀書紀數略》中則將玉梅、蠟梅、水仙、山茶合稱為「雪中四友」。

明清時期，扎根於南方的水仙花重新興盛於北方。明崇禎年間，北京郊區豐臺的草橋一帶曾經是繁殖水仙的基地。《燕京歲時記》一書中記載了光緒年間北京冬日花市中水仙花受歡迎的情況：

春日以果木為勝，夏日以茉莉為勝，秋日以桂菊為勝，冬日以水仙為勝。

清乾隆皇帝對水仙花情有獨鍾。據統計，他吟詠水仙花的詩歌多達五十九首，可謂歷代單個作家吟詠數量之最。

分明真是水中仙

「水仙」在中國古典文獻中最早的意思是水中之仙人。唐人司馬承禎所著《天隱子》有言：

在人謂之人之仙，在天曰天仙，在地曰地仙，在水曰水仙。

水仙花得「水仙」之名後，也受到這一層意思的影響，常常被形容成與水相關的仙人：「凌波仙子生塵襪，水上輕盈步微月。」這兩句詩出自黃庭堅的〈王充道送水仙花五十枝，欣然會心，為之作詠〉，其化用了三國曹植〈洛神賦〉中的「凌波微步，羅襪生塵」一句，將水仙花比作洛水之女神，並賦予「凌波仙子」之美名。洛神，即上古大神伏羲氏的女兒宓妃，因迷戀洛河兩岸的美麗景色，淹死於洛水之中，化成洛水女神。曹植所作〈洛神賦〉，極言洛神之美。

自黃庭堅此詩以後，水仙花就與洛神產生了密不可分的關聯，而「凌波仙子」也成了水仙花的代名詞。宋代文人高似孫就曾仿曹植「洛神賦體」作〈水仙花賦〉，更有無數詩詞借此吟詠水仙花：

可但凌波學仙子，絕憐空谷有佳人。（張孝祥〈以水仙花供都運判院〉）

記洛浦、當年儔侶。羅襪塵生香冉冉，料徵鴻、微步凌波女。（韓玉〈賀新郎・詠水仙〉）

仙姿豔玉肌，輕拂五銖衣。羅襪凌波去，香塵蹙步飛。（鄭元祐〈子固水仙〉）

其中，最後一首鄭元祐之詩乃是為贊南宋畫家趙孟堅所繪〈水仙圖〉而作，趙孟堅所繪水仙，飄然多姿，純淨清雅，多為後人所稱讚。

還有傳說認為水仙花由娥皇、女英死後幻化而成。娥皇、女英都是堯帝的女兒、舜帝之妻。舜南巡駕崩後，她們雙雙殉情於湘江，據說後來她們的魂魄化成了江邊的水仙花。

這個傳說的出現，大概是由於在宋代以後，水仙花主要分布在湘鄂、閩越一帶，而其在水邊雅緻純淨的風姿也特別容易讓人聯想到湘江之女神。宋吳文英的〈花犯・郭希道送水仙索賦〉即有言：「湘娥化作此幽芳，凌波路，古岸雲沙遺恨。」而高觀國的〈金人捧露盤．水仙花〉則一開首就連用三個「湘」字，「夢湘雲，吟湘月，吊湘靈」，將水仙花比擬為湘水之神，朦朧空靈，淒美婉轉。

還有文人將水仙花與江皋解佩的傳說連繫在一起。

傳說漢代有一個叫鄭交甫的男子，一日在漢水邊上遊玩，遇見了兩位美麗非常的神女（「江妃二女」）。他們一見如故，交談得十分愉快。神女應鄭交甫的請求，解下了隨身的玉珮相贈。鄭交甫得了玉珮，欣喜萬分，連忙放在懷中。可是才走出去十多步，他再看懷中的玉珮，卻不見了；回頭看那兩位神女，也已無蹤影。

多情的文人們在搖曳生姿的水仙花身上，似乎看到了那江邊神女縹緲的身影：

得水能仙，向漢皋遺佩，碧波涵月。（趙以夫〈金盞子．水仙〉）

不記相逢曾解佩，甚多情，為我香成陣。（辛棄疾〈賀新郎．賦水仙〉）

玉盤金盞，誰謂花神情有限。綽約仙姿，彷彿江皋解佩時。（韋驤〈減字木蘭花．水仙花〉）

水神琴高也與水仙花有些緣分。琴高是戰國時的趙國人，擅長鼓琴，曾為宋康王舍人。琴高有長生之術，在世兩百餘年時入涿水中取龍子，臨行時他與弟子們約好再次相見的日期，並囑託弟子們在河旁設立祠堂，到時候一起在祠堂內等他。到了約定的日期，琴高果然乘著鯉魚從水中出來，坐在祠堂中，每天都有上萬人來看他。大約一個月後，他又復入水中，不再出來了。

將水仙花比作水神琴高，當推韓維〈從厚卿乞移水仙花〉：

翠葉亭亭出素房，遠分奇豔自襄陽。琴高住處元依水，青女冬來不怕霜。

琴高所代表的，是一種仙人遁逸的瀟灑，而這與初春獨放、亭亭玉立的水仙花正有一種氣質上的相合。

也有詩人將水仙花與楚人屈原連繫在一起，如韓玉的「煙水茫茫斜照裡，是騷人、九辨招魂處」，劉克莊的「騷魂灑落沉湘客」等。投汨羅江而死的屈原，被楚人追思為水仙，兩者的關聯既在水，亦在一種高潔的形象。古人認為，有金玉之相的水仙花，也有金玉之質，水仙花的美是一種恬淡的美、安靜的美，而這美與雅潔的代表——屈原是相匹配的。

山谷笠翁愛水仙

要說愛水仙花的古代文人，首推黃庭堅。而在其眾多吟詠水仙花的詩詞中，有一首的創作背景很特別。據說，黃庭堅在荊州的時候，鄰居家有一位剛剛成年的女兒，嫻靜美麗，氣質清純。黃庭堅一邊對她很是讚賞，一邊又嘆息她雖然資質出眾，卻身在貧寒之家。果然，不久以後，這名女子嫁給了同鄉的一個庸俗貧寒的男子。數年之後，此女生下兩個孩子，家境愈發困頓，丈夫憔悴不堪，而女子卻仍有幾分顏色。

黃庭堅十分惋惜那名女子的命運，有感而發，作詩一首，以水仙喻之：

淤泥解作白蓮藕，糞壤能開黃玉花。可惜國香天不管，隨緣流落小民家。

在惡劣環境中生長的水仙花，正如貧寒之家的美女一樣，雖然資質出眾，卻無法改變自己遭人埋沒的命運。全詩以直白的言語，述說了詩人對美人遇人不淑的惋惜與同情。

除了黃庭堅，自號笠翁的清代文人李漁也是位水仙愛好者，甚至到了嗜之如命的程度。在著作《閒情偶寄》中，他毫不掩飾地表達了自己對水仙的喜愛：

水仙一花，予之命也。予有四命，各司一時：春以水仙、蘭花為命，夏以蓮為命，秋以秋海棠為命，冬以蠟梅為命。無此四花，是無命也；一季缺予一花，是奪予一季之命也。

雖然李漁說自己有「四命」，但他花最多篇幅描寫、投入最深感情的，還是水仙這條「命」。

值得一提的是，李漁推重的乃是金陵水仙，他將金陵水仙譽為「天下第一」。當然，這與他家居金陵也有很大的關係：「水仙以秣陵為最，予之家於秣陵，非家秣陵，家於水仙之鄉也。」

有一年春天，李漁家貧如洗，沒錢過年，只得將能典質的衣服都拿到當鋪當了。等到水仙花開的時候，家裡的狀況真如強弩之末一般，想要拿出一文錢都不可能。李漁想買水仙，卻苦於沒有錢，他家裡人說：「要不就別買了吧，一年不看這花，也沒什麼大不了的吧。」李漁卻說：「你是要我的命嗎？我寧願減掉一年的壽命，也不願少看一年的花。而且，我從他鄉冒雪回到金陵，就是為了看金陵水仙。如果不看水仙花，我還不如乾脆不回金陵，就在他鄉過年罷了！」家裡人無法阻止李漁，只能聽任他想盡辦法買了水仙花。

李漁認為自己愛水仙花，並不是一種非理智的「痴癖」行為。他盛讚水仙，認為無論是水仙之色、香，抑或水仙之莖、葉，沒有一處不異於其他花卉，而他則尤為青睞水仙之「善媚」。李漁覺得，如果以女子做比較，那些面若桃花、腰細如柳，豐滿似牡丹、芍藥，或瘦比秋菊、海棠的，比比皆是；可像水仙花這樣的，「淡而多姿，不動不搖，而能作態者」，別有一番風情，他實在是從未見過。因此，他覺得「水仙」這個名字實在是取得太好了：

以「水仙」二字呼之，可謂摹寫殆盡。使吾得見命名者，必頹然下拜。

李漁推重金陵水仙，還因為當時金陵水仙的培育技術十分高超。售賣水仙的店家甚至彷彿擁有「造物之權」一般，想讓水仙早開即早開，晚開即晚開；購買者若想要所買水仙在某一天開花，則那一天必開花，未嘗有一天的誤差。而購買之時，只要以盆與石塊相組合，就能隨手布置，如同畫圖一般。這樣的技藝，讓李漁欽佩不已，不禁感嘆：「豈此等末技，亦由天授，非人力邪？」

第八節　麗最宜新著雨，嬌嬈全在欲開時——海棠

海棠，屬薔薇科植物，既有草本也有木本，有西府海棠、貼梗海棠、垂絲海棠、木瓜海棠、四季海棠等多個品種。

據明代《群芳譜》記載：「海棠有四品，皆木本。」這裡所說的四品，指的是西府海棠、垂絲海棠、木瓜海棠和貼梗海棠。其中，西府海棠因晉朝時生長於西府而得名，是海棠中的上品。其花形較大，四至七朵成簇，花朵向上；未開花時，花蕾紅豔，開後則漸變粉紅。另一著名品種垂絲海棠則花梗細長，花蕾嫣紅；花苞向上生長，至開放時則下垂，呈粉紅色，彷彿抹上了一層粉色胭脂。

草本類海棠以四季海棠最為著名。四季海棠又名四季秋海棠，為秋海棠科秋海棠屬多年生草本植物。其花形姿態優美，葉片嬌嫩鮮亮，花朵成簇生長，四季開放，常作盆花觀賞。

在中國，海棠花自古以來就是雅俗共賞的名花，素有「國豔」之譽。那些喜愛海棠的人們，留下了許多吟詠海棠的佳作名篇。

春風用意勻顏色，銷得攜觴與賦詩。
穠麗最宜新著雨，嬌嬈全在欲開時。
莫愁粉黛臨窗懶，梁廣丹青點筆遲。
朝醉暮吟看不足，羨他蝴蝶宿深枝。

唐人鄭谷的這首〈海棠〉將文人對海棠的摯愛表現得淋漓盡致。春風用心打扮著海棠花，而詩人則攜上美酒為海棠賦詩。要說那海棠花，最豔麗的時候莫過於新著細雨，最嬌嬈的時候莫過於欲開之時。海棠花是如此美麗，就連美女莫愁也為之陶醉，而懶得臨窗梳妝；而畫家梁廣要為它作畫，也不得不慎重落筆。詩人將自己的一片丹心都獻給了嬌媚的花朵，早看晚看怎麼看都看不夠，甚至羨慕那落在花枝上的蝴蝶能夠永伴海棠，真是名副其實的「海棠痴」啊！

嫣然一笑欲傾城

與那些氣質高潔堪比君子的花卉相比，嬌豔的海棠似乎更容易使人聯想到柔弱的女性。無數墨客騷人將海棠花比作溫柔多情的女子，述說著自己對花兒深深的愛戀之情。

渾是華清出浴初，碧紗斜掩見紅膚。便教桃李能言語，西子嬌妍比得無？

在唐人崔德符的眼中，經過雨水洗禮的海棠花簡直就如同剛剛從華清池中出浴的楊貴妃。綠葉好比碧紗，紅花質如凝脂。如此妖嬈多姿，就算桃李能言語，就算西施在眼前，也趕不上這海棠花的一絲一毫吧！

不關殘醉未醒鬆，不為春愁懶散中。自是新晴生睡思，起來無力對東風。

在宋人楊萬里的眼中，垂絲海棠宛如一名天真無瑕的少女。她紅潤的面色不是因為宿醉未醒，她慵懶的姿態不是由於閨中愁怨。那是為什麼呢？原來是雨過天晴，東風吹拂的緣故啊！是花亦是人，寫人亦寫花，真是渾然天成。

軟漬紅酥百媚生，嫣然一笑欲傾城。不須更乞春陰護，綠葉低遮倍有情。

在清人張以寧的眼中，美麗的秋海棠既堪比「回眸一笑百媚生，六宮粉黛無顏色」的楊玉環，又不輸「一顧傾人城，再顧傾人國」的李夫人。生於秋季的秋海棠，雖沒有春陰的庇護，但自有綠葉別有深情地細心呵護。

嬌嫩柔弱的海棠花，也讓文人滿心憐惜：

淡淡微紅色不深，依依偏得似春心。
煙輕虢國顰歌黛，露重長門斂淚衿。
低傍繡簾人易折，密藏香蕊蝶難尋。
良宵更有多情處，月下芬芳伴醉吟。

如此嬌弱，如此輕柔，也如此淒楚多愁。在輕煙繚繞中，海棠就像虢國夫人一般黛眉緊鎖；在冷冷重露裡，海棠就像被漢武帝打入冷宮的陳皇后一般淚滿衣襟。它低低地依傍在繡簾之下，就易遭人採折；可若是密藏起來，即使花蕊再香，蝴蝶也難以尋覓。此情此景，怎能讓詩人劉兼不生呵護之心？在有月光、有美酒、有詩吟的良宵之中，就讓多情的詩人靜靜陪伴著多情的海棠吧！

這些深情而浪漫的詩作，將海棠花塑造成了一位美若天仙的女子。海棠自然美，不過，將海棠比作女子的也不全是些羅曼史，最詼諧幽默的當屬「一樹梨花壓海棠」的典故。

傳說宋代詞人張先在八十歲時娶了一個十八歲的小妾，並作詩一首：

我年八十卿十八，卿是紅顏我白髮。與卿顛倒本同庚，只隔中間一花甲。

身為張先好友的蘇東坡聽說這件事，也作了一首詩調侃：

十八新娘八十郎，蒼蒼白髮對紅妝。鴛鴦被裡成雙夜，一樹梨花壓海棠。

這裡梨花指的是白髮的丈夫，海棠指的是紅顏的少婦。一個「壓」字，道盡許多未說之言。後來，「一樹梨花壓海棠」也成為老夫少妻的另一種說法。

夜夜寒衾夢還蜀

蘇東坡雖然拿海棠花開好友的玩笑，但他實際上也十分喜愛這種嬌美的花卉。據說宋神宗元豐七年，蘇東坡到閘口探望學生邵民瞻，還曾特意攜帶一盆海棠，栽種於其居住的天遠堂前。他十分關心這盆海棠的生長情況，之後每寄書信給邵民瞻，必附一句：「海棠無恙乎？」而邵民瞻則定期向老師匯報：「海棠無恙。」直到今天，這棵海棠還存活於江蘇省宜興市閘口鄉永定村。

蘇東坡還曾為心愛的海棠花作長詩一首，題為〈寓居定惠院之東，雜花滿山，有海棠一株，土人不知貴也〉。題目中就直接表達了對當地人不知海棠之貴的惋惜，儼然將自己當成了花兒的知己：

江城地瘴蕃草木，只有名花苦幽獨。
嫣然一笑竹籬間，桃李漫山總粗俗。
也知造物有深意，故遣佳人在空谷。
自然富貴出天姿，不待金盤薦華屋。

海棠花獨處幽谷，無人欣賞，卻依然保持著名貴的天資：

朱唇得酒暈生臉，翠袖卷紗紅映肉。
林深霧暗曉光遲，日暖風輕春睡足。
雨中有淚亦凄愴，月下無人更清淑。

花如美人，朱唇翠袖，煞是可愛。雖然身世不幸，暗自垂淚，但在靜謐的月光下，更顯清新美好：

先生食飽無一事，散步逍遙自捫腹。
不問人家與僧舍，拄杖敲門看修竹。

忽逢絕豔照衰朽，嘆息無言揩病目。
陋邦何處得此花，無乃好事移西蜀。
寸根千里不易到，銜子飛來定鴻鵠。
天涯流落俱可念，為飲一樽歌此曲。
明朝酒醒還獨來，雪落紛紛那忍觸。

閒來無事的詩人在散步的途中偶遇這株嬌豔的海棠，不禁產生疑問：海棠花本是西蜀名花，怎麼今日流落在黃州？一定是大雁、天鵝們將種子銜來的緣故吧。同樣來自蜀州的蘇東坡，此時被貶黃州，胸中正是滿腔孤獨，看到跟自己同病相憐的海棠花，難免生出一種「同是天涯淪落人」的感慨。

蜀中海棠有多美，南宋詩人范成大應該有發言權。范成大曾在成都任制置，他極愛四川的海棠花，甚至曾坦白「直為海棠也合來西蜀」。他有〈詠蜀中垂絲海棠〉一詩：

春工葉葉與絲絲，怕日嫌風不自持。曉鏡為誰妝未辦，沁痕猶有淚胭脂。

和煦的春風中，海棠葉茂花繁，微微垂著花苞，宛如弱不禁風的少女。紅花上點染著滴滴清晨的露珠，那不正是少女閨中憂春、含情脈脈的淚痕嗎？全詩寫盡海棠花的纖弱和嬌媚，字裡行間滿是詩人對蜀中海棠的愛憐。

有人思蜀中海棠，有人愛蜀中海棠，還有人借蜀中海棠來表達自己的滿腔鬥志。宋代大詩人陸游同樣是一位「海棠痴」，他曾作〈花時遍游諸家園〉詩一首：

為愛名花抵死狂，只愁風日損紅芳。綠章夜奏通明殿，乞借春陰護海棠。

陸游自言愛海棠花甚至到「抵死狂」的地步，真是如痴如醉了。他擔心嬌美的海棠花忍受不了風吹日晒，於是連夜上奏至玉帝的通明殿，只希望能多借些陰天，好呵護那摯愛的海棠。

身為浙江紹興人的陸游，曾中年入蜀投身軍旅生活，可是始終沒有實現自己收復中原的志願。晚年，退居家鄉的陸游依然心繫國事，希望有朝一日能重回蜀地，實現自己的壯志，而蜀中海棠花也成了他寄託情感的對象：

我初入蜀鬢未霜，南充樊亭看海棠。
當時已謂目未睹，豈知更有碧雞坊。

碧雞海棠天下絕，枝枝似染猩猩血。
蜀姬豔妝肯讓人，花前頓覺無顏色。
扁舟東下八千里，桃李真成僕奴爾。
若使海棠根可移，揚州芍藥應羞死。
風雨春殘杜鵑哭，夜夜寒衾夢還蜀。
何從乞得不死方，更看千年未為足。

陸游第一次見到南充海棠的時候，已是十分驚豔，而後見識了碧雞海棠，更是讚嘆不已。碧雞坊在成都的西南，那裡的海棠花天下一絕，在這些海棠花面前，甚至連蜀中的美人們都要黯然失色了。

曾一睹其容的陸游始終對紅豔如血的碧雞海棠念念不忘，東歸之後，他看著江南的桃李，認為不過是「奴僕」之花，甚至連名揚天下的揚州芍藥，也會在海棠花面前「羞死」。陸游夜夜都希望回到蜀中，回到蜀中海棠的身邊，回到戰事的前方。雖然已經年邁，但他的鬥志從未減少一絲一毫。

關於蜀中海棠，還有一個千古之謎題，即詩聖杜甫究竟有沒有寫過海棠詩。海棠花以蜀中最為有名，而杜甫又久居四川，在成都草堂寫下了膾炙人口的佳作名篇，川中風景、花鳥、人情都有吟詠，卻偏偏少了蜀中海棠花，不得不令人感到奇怪。鄭谷即曾言：「杜工部居西蜀，詩集中無海棠之題。」王安石也感到疑惑：「少陵為爾牽詩興，可是無心賦海棠。」後世之人也因此展開了許多討論和研究。

整體來說，現在關於杜甫無海棠詩的原因基本上有三種觀點。

一種觀點認為杜甫確實不曾見過海棠花，所以杜詩中不曾出現海棠。

一種觀點認為杜甫的海棠詩失傳了。陸游就認為：「老杜不應無海棠詩，意其失傳爾。」據說杜甫一生寫了將近三千首詩，而今天流傳下來的僅有一千四百多首，所以失傳的可能性也是有的。

還有一種觀點認為，杜甫不寫海棠詩是出於避諱。據《古今詩話》中記載：「杜子美母名海棠，子美諱之，故《杜集》中絕無海棠詩。」在古代，子女是不能直接稱呼父母名字的，否則即為不孝。既然杜甫母親的名字為海棠，那麼杜甫不作海棠詩也就順理成章了。

只有斷腸花一種

陸游二十歲的時候，娶了舅父唐仲俊之女唐琬為妻。唐琬天生麗質，而且還是一位才女。兩人琴瑟相和，心心相印，婚姻生活幸福而美滿。然而，婚後唐琬一直不孕，最終觸怒了陸游的母親。陸母不顧陸游的反對，強行拆散了一對恩愛的夫妻。

臨別之時，唐琬以秋海棠相贈，告訴陸游這是斷腸紅。陸游不忍接受，便說它其實是相思紅，並託付唐琬養護。兩人就這麼依依不捨地離別了，雖然多次試圖重續情緣，但最終仍然抵擋不住陸母的強大壓力，而各自另組家庭。可是，兩人終其一生都始終對這段感情無法忘懷，最後唐琬鬱鬱而終，陸游也含恨而死。而由於這件事，秋海棠「斷腸花」的別名亦更加廣為人知。

清人黃景仁有〈午窗偶成〉一詩：

> 繞籬紅遍雁來紅，翹立雞冠也自雄。只有斷腸花一種，牆根愁雨復愁風。

黃景仁的一生十分坎坷，自幼家貧的他，屢次科考，均以失敗告終。後好不容易在乾隆東巡召試時列為二等授縣丞，卻還不及補官就早逝了。在他筆下，柔弱的海棠花，沒有雁來紅驕傲的豔麗，也沒有雞冠花風發的意氣，只能默默倚著牆根，愁雨又愁風。這當然是詩人淒愴的自況，而斷腸花的名稱正將這種憂傷的氣氛渲染得恰到好處。

海棠確實也常常承載著文人的悲傷情緒，且並不為斷腸花秋海棠所獨有。

何事一花殘，閒庭百草闌。
綠滋經雨發，紅豔隔林看。
競日餘香在，過時獨秀難。
共憐芳意晚，秋露未須團。

在唐人劉長卿的這首〈見海紅一花獨開〉中，西府海棠也攜帶著一種憂傷的意味。開在百花凋零時的西府海棠，生機勃勃，正是燦爛時節。然而詩人越貪念這美好，也就越害怕失去這美好。他只希望時間能夠停住，秋露秋風遠離人間，好讓海棠花永遠盛開。可這不切實際的願望本身就含著一種關於時光流逝的惆悵情緒，古人之傷時，是為如此。

在中國著名古典小說《紅樓夢》中，西府海棠也是出現多次的意象。主角賈寶玉的怡紅院中就有一株「其勢若傘，絲垂翠縷，葩吐丹砂」的西府海棠。海棠也被視為史湘雲的「本命花」。而由大觀園中年輕男女組成的海棠詩社，結社後的第一次活動就是詠白海棠七言律詩。

在這次詠詩活動中，曹雪芹借林黛玉之手，寫下了一首清新潔淨而又孤獨淒涼的海棠詩：

半卷湘簾半掩門，碾冰為土玉為盆。
偷來梨蕊三分白，借得梅花一縷魂。
月窟仙人縫縞袂，秋閨怨女拭啼痕。
嬌羞默默同誰訴，倦倚西風夜已昏。

那海棠花是如此冰清玉潔，飄逸多姿。潔白的梨蕊，芳香的梅魂，都在述說著海棠的超凡脫俗。月中的仙女用縫衣來排遣心靈的孤寂，而秋閨的怨女用哭泣來發泄胸中的愁苦，她們和海棠一樣，都是如此孤獨。含羞帶怯的海棠花在西風中獨自站立，無人傾訴，只能任憑西風摧殘肆虐。而這一切指歸，其實都是在抒寫林黛玉無盡的憂傷和悲慘的命運。

同樣借海棠花自嘆薄命的，還有清末著名詩人龔自珍。彼時海棠花已在北京廣泛種植。有一次，龔自珍去北京郊外踏青，正好遇上一戶人家為整修花園而準備砍掉房前的海棠花。龔自珍不捨那株海棠，便向主人討來移栽在自家庭院之中。為此事，他還作詩一首：

門外閒停油壁車，門中雙玉降臣家。因緣指點當如是，救得人間薄命花。

在龔自珍四十八歲那年，因官場黑暗，他被迫辭官，返回江南老家。他又想起了當年那株海棠花：

不是南天無此花，北肥南瘦二分差。願移北地燕支社，來問南朝油壁車。

年屆中年的龔自珍深深地感嘆道：薄命的海棠花尚有自己救護，而如今，漂泊無依的自己，又有誰能予以拯救呢？

那些惆悵的往事，就全都賦予紅花綠葉，時光荏苒吧。

第九節　黯淡輕黃體性柔，情疏跡遠只香留——桂花

桂花，木樨科木樨屬，又名「岩桂」、「木樨」，常綠灌木或小喬木，喜溫暖濕潤的氣候，耐高溫而不甚耐寒。

桂樹葉茂而常綠，樹齡長，葉對生，多呈橢圓或長橢圓形狀，葉面光滑，葉邊緣有鋸齒；花簇生，花期大多在八月，有乳白、黃、橙紅等色，極芳香。桂樹的果實可入藥，有化痰、生津、暖胃、平肝等功效；枝葉及根煎汁敷患處，可造成活筋止疼的作用。桂樹的木材材質緻密，紋理美觀，不易炸裂，刨面光滑，是良好的雕刻用材。

桂花有著相當長的栽培歷史，早在《山海經．南山經》中就有記載：「南山經之首日鵲山，其首日招搖之山，臨於西海之上，多桂……」

漢代時候，桂花已經廣泛用於園林造景，尤其皇室宮苑中，桂花的身影更是常見。東晉葛洪所著《西京雜記》中就記錄了漢武帝初修上林苑的時候，「群臣、遠方各所獻名果異樹，有桂十株」。今天，中國桂花集中分布和栽培的地區，主要是嶺南以北至秦嶺、淮河以南的廣大熱帶和北亞熱帶地區，包括浙江杭州在內的十三個城市將桂花定為

市花。

暗淡輕黃體性柔，情疏跡遠只香留。何須淺碧輕紅色，自是花中第一流。
梅定妒，菊應羞，畫闌開處冠中秋。騷人可煞無情思，何事當年不見收。

這首〈鷓鴣天〉展現出宋代女詞人李清照對桂花特別的偏愛。與許多顏色鮮豔的名花相比，桂花「暗淡輕黃」，外表似乎有些遜色，但它秉性溫柔，情懷疏淡，即使遠遁深山，也默默地將濃郁的香氣長留人間。在詞人眼裡，桂花雖然沒有鮮豔奪目的色彩，但卻當之無愧是「花中第一流」，甚至打敗名花梅、菊，成為秋花之冠。令詞人不滿的是，屈原在《楚辭》中列舉多種香花，以比況君子修身美德，卻偏偏沒有提到她的桂花。在這看似強詞奪理的埋怨中，實則隱含著李清照對社會上壓抑人才現狀的不平。

月中桂樹高多少

農曆八月，古稱桂月，是觀賞桂花的最佳月份；而八月十五中秋節，又是賞月之良辰。事實上，在中國傳統文化中，桂花與明月很早就被連繫在一起了。

民間一直傳說，月亮中有一棵高達五百丈的桂花樹。漢代文獻《淮南子》就曾言：「月中有桂樹。」而四川新都出土的漢代畫像磚中也出現了桂樹和蟾蜍在月亮中的形象。與之相關的吳剛伐桂的傳說也廣為人知。

唐人段成式所著《酉陽雜俎》對此有所記載。

相傳漢朝有個叫吳剛的人，學習仙道時不專心，犯了過錯，惹怒天帝。因此天帝下令將其拘留在月宮之中砍伐桂樹，並告訴他說：「如果你砍倒這棵桂樹，就可以得到仙術的要訣。」吳剛便開始伐桂。然而，他每砍一斧，斧起之時樹的創傷就會馬上癒合。日復一日，無論吳剛怎樣努力，桂樹始終毫髮無損，他只好一直重複著這沒有盡頭的勞動，只有在每年中秋節的時候能夠休息一天。

在吳剛伐桂的傳說中，被砍傷的桂樹很快就能癒合，與月亮的陰晴圓缺有著本質上的相通之處。因此在後代，月亮和桂樹的組合象徵著一種再生和永生的力量。

月宮中桂樹的傳說，使「桂魄」、「桂宮」、「桂輪」、「桂月」、「桂窟」等都成為月亮的代稱。而在古代文人的詩詞之中，月亮與桂花也有了密不可分的關聯，南朝詩人沈約登臺望秋月，「桂宮裊裊落桂枝，露寒淒淒凝白露」；晚唐才子李商隱根據傳說發揮聯想，「月中桂樹高多少，試問西河斫樹人」；北宋文豪蘇東坡一片痴心寄明月，只見「桂魄飛來光射處，冷浸一天秋碧」；而南宋楊萬里則直言桂花從月中而來：

不是人間種，移從月裡來。廣寒香一點，吹得滿山開。

舊時傳說唐玄宗曾於八月十五登月宮遊玩，見到一大官府，上題「廣寒清虛之府」。後世因而將月宮也稱為廣寒宮。在楊萬里的筆下，月宮中一點點桂花的芳香，落入凡間之後竟遍布滿山滿野，真是別有一種飄逸神祕之感。

南朝陳後主甚至曾依照這一神話傳說，為愛妃張麗華打造了一個桂宮：宮門圓如月亮，以水晶為障，後庭設有素色屏風，庭中空曠，不擺他物，唯有桂樹一棵，樹下放上一個藥杵臼，再養上一隻白兔。每次在桂宮設宴時，陳後主還讓張麗華穿上素色衣裳，梳凌雲髻，並呼其為「張嫦娥」。當然，如此附庸風雅的行為，其實只模仿了月宮之形貌，終難捕捉月宮那種縹緲而清冷的氣質。

月宮中的桂樹，還在人間留下了痕跡。在杭州西湖等地方，流傳著「桂子月中落」的傳說。唐人陳藏器編著的《本草拾遺》中記載，行人曾在路上拾得桂子，「大如狸豆，破之辛香」，附近的老人都說是從月亮中落下的。而《唐書．五行志》中也記錄了唐睿宗垂拱四年三月，臺州一帶從天上落下夾雜著桂子的雨，下了十多天才停止。

宋人的文獻中也有相關說法。錢易的《南部新書》中就曾寫道，杭州靈隱寺一帶多桂，寺裡的僧人都說那種子來自月亮。在中秋夜時常有桂子從天上落下，僧人也都見到過。另有文獻記載落下的桂子的形貌特徵：

其繁如雨，其大如豆，其圓如珠，其色有白者、黃者、黑者，殼如芡實，味辛。

許多詩詞也描繪了「桂子月中落」這一傳說，白居易在回憶杭州時就曾言：

江南憶，最憶是杭州。山寺月中尋桂子，郡亭枕上看潮頭。何日更重遊！

而晚唐皮日休似乎也曾於寺院之中拾得桂子：

玉顆珊瑚下月輪，殿前拾得露華新。至今不會天中事，應是嫦娥擲與人。

詩人的假設十分有趣：這桂子，該不會是月中的嫦娥擲給凡人的吧？誰知道呢！

桂林一枝享富貴

據《晉書》記載，郤詵即將出任雍州刺史，晉武帝集合百官為他送行。在送行宴上，晉武帝問郤詵：「卿自以為何如？」郤詵似乎毫不謙虛，答道：「臣舉賢良對策，今為天下第一，猶桂林之一枝，崑山之片玉。」聽到這樣的回答，晉武帝不禁笑了。後來，「桂林一枝」成為出類拔萃、獨領風騷的代名詞，也衍生出中舉的意思。人們將科舉考試稱為「桂科」，將科考高中稱為「折桂」，而中舉之人的名籍則稱為「桂籍」。

相傳五代時候，燕山人竇禹鈞育有五子，全部登科，當時的大巨馮道贈詩稱讚：

燕山竇十郎，教子有義方。靈椿一枝老，丹桂五枝芳。

這裡就是以五枝丹桂的芬芳來稱讚竇禹鈞的五個兒子相繼中舉。

而由於月宮中有桂樹的傳說，還衍生出「登蟾宮」、「蟾宮折桂」的說法，代表某人仕途得志、飛黃騰達。

北宋僧人仲殊有〈金菊對芙蓉〉一詞：

花則一名，種分三色，嫩紅妖白嬌黃。正清秋佳景，雨霽風涼。郊墟十里飄蘭麝，瀟灑處，旖旎非常，自然風韻，開時不惹，蝶亂蜂狂。

攜酒獨挹蟾光，問花神何屬，離兌中央。引騷人乘興，廣賦詩章。許多才子爭攀折，嫦娥道，三種清香，狀元紅是，黃為榜眼，白探花郎。

才子們爭相攀折的，正是代表功名的桂花，而這桂花乃是月宮中而來。「狀元紅是，黃為榜眼，白探花郎」，將桂花不同的花色品種（丹桂、金桂、銀桂）與三甲一一對應，真是非常有趣。

清代道光年間，浙江人沈兆霖赴京應舉，同鄉畫家戴熙為其畫了一幅〈雙桂圖〉，以求吉利，並題句：「占斷花中聲譽，香和韻，兩奇絕。」後來，沈兆霖果然中榜，親朋好友們都說是那幅〈雙桂圖〉帶來了好運。

桂花不僅象徵著中舉登科，同時也是代表榮華富貴的吉祥物。古代許多地區都有「門前栽桂，出門遇貴」的風俗，以「桂」與「貴」字的諧音來祈求好運。而舊時在住宅植樹，也有設置「雙桂當庭」的習慣，或將玉蘭、海棠、牡丹與桂花相配，取「玉堂富貴」之意。

古時新婚婦人常簪桂花，而一些常年沒有生育的婦女則會到桂花樹前跪拜祈禱，希望能夠得到桂花之神的保佑，早生貴子。一旦願望成真，母親就會抱著孩子到桂花樹下還願行禮。父母們也常常會給孩子取帶有「桂」字的名字，以期孩子一生富貴。

桂花生長的環境，往往也是福氣圍繞之地。《太平御覽》中就記載著一個地方政治清明而「芳桂常生」的事例。民間還流傳著鳳凰棲息於桂樹林的說法，宋人梅堯臣就有「鳳巢在桂林」之句，而《天地運度經》中亦言：「泰山北有桂樹七十株……常有九色飛鳳、寶光珠雀鳴集於此。」

奇禽異鳥棲息集聚之地，必是有福之地，而多生桂樹，真可見吉祥之於桂花的厚愛了。

代表祥瑞的桂花，深受中國古代人民所喜愛，許多地方都有以桂花為主題的節慶傳統。據《成都古今記》記載，早在唐宋時期，成都一帶就有一年一度的桂花會，會期在每年農曆八月；還有遠近聞名的「八月桂市」，人們在花市賣桂、買桂、賞桂，其樂融融。

而在古代部分少數民族地區，每年一度的桂花節則是青年男女們表達愛情的節慶。在皎潔的月光下，盛裝打扮的青年男女們在香氣瀰漫的桂花林中遨遊徜徉，載歌載舞，互訴衷腸。在福建武夷山地區，青年男女們折桂相贈，表達愛慕之情；而西雙版納地區布朗族的小夥子們，則會摘下一束白桂花送給自己的意中人，倘若對送花之人有意，姑娘就會將收到的白桂花插在髮髻上，表示自己已經心有所屬。這時候，美麗的桂花就成了傳遞真情的「愛情花」，正如一首民歌中所唱的那樣：「一枝桂花一片情，桂花樹下定終身。」

人們不僅種桂花、賞桂花，還將芬芳的桂花製作成日常生活中的各種食品。桂花酒釀、桂花月餅、桂花年糕、桂花糖藕、桂花栗子羹等，都是流行至今的美味佳餚；同時桂花還是釀酒、泡茶之良品，桂花酒、桂花茶等都是深受人們喜愛的飲品。

清芬可比君子德

作為芳香花卉，桂花的香氣同樣也為古代文人所稱道。

宋人鄧志宏曾詠桂花：

雨過西風作晚涼，連雲老翠入新黃。清風一日來天闕，世上龍涎不敢香。

桂花之香彷彿來自天上，在桂花面前，連名貴的香料龍涎也甘拜下風了。桂花數量無須多，只要一點兒，便十分芬芳，辛棄疾說得好：「無頓許多香處，只消三兩枝兒。」而只需這麼一點點桂花，就能夠讓整間屋子的氣氛都提升不少。在院子裡種下桂花的宋人王十朋，遙想花朵盛放時候，香滿庭院，彷彿置身月宮之中：「異日天香滿庭院，吾廬當似廣寒宮。」

桂花香極濃郁，卻不俗氣，宋人舒岳祥就有「天下清芬是此花」之句。有時候，桂花的香氣還能助人領悟禪道。

傳說北宋文人黃庭堅曾信佛學禪，但很長時間都沒有領悟禪道之要領，便求教高僧晦堂。當時正是桂花盛放時節，晦堂指著院子裡的桂花問黃庭堅：「你聞到桂花的香味了嗎？」黃庭堅答道：「聞到了。」晦堂便說：「禪道就如同這桂花的香氣一般，上下四方無不瀰漫。所以禪道的要訣只有兩個字——無隱，全在你個人的體會之中。」黃庭堅頓時豁然開朗。

許多文人還將桂花的香味提升至德行的修養層面，以其芬芳比喻德行的高潔。王十朋即曾言桂花之清芬香氣：

吾嘗比德於君子焉。清者，君子立身之本也；芬者，君子揚名之效也。芬生於清，身驗於名。

獨芬芳於秋季的桂花，亦漸漸成為一種高潔品質的象徵。李白有〈詠桂〉一詩：

世人種桃李，皆在金張門。
攀折爭捷徑，及此春風暄。
一朝天霜下，榮耀難久存。
安知南山桂，綠葉垂芳根。
清陰亦可託，何惜樹君園。

桃李全賴暖和的春風才得以顯赫，一旦秋天冰霜下，只有南山的桂花依然傲霜挺立，散發芬芳。全詩以託物言志的手法，高度讚揚了桂花凌寒而放、不慕富貴的品格，同時抒發了詩人潔身自好的志向。

而在宋代詩人謝逸的筆下，桂花更是表現出一種堅韌不拔的品質：

輕薄西風未辦霜，夜揉黃雪作秋光。摧殘六出猶餘四，正是天花更著香。

西風猶如輕薄的浪子，夜晚揉搓著秋日的桂花；而這摧殘使桂花不但沒有消沉，反而盛開得更加熱烈了。詩人展開聯想，認為桂花是由雪花幻化而成：在西風的摧殘下，六瓣的雪花變成了四瓣的桂花，反而有了更悠遠濃郁的香氣。在新穎的構思之中，桂花如雪般高潔的風骨躍然紙上。

還有文人進一步在桂花身上賦予隱者的氣息，宋代劉學箕的〈木樨賦〉就認為：「木樨為花，高雅出類，發而不淫，清揚而不媚，有隱君子之德。」出於這樣高尚的品質，歷史上有許多秉持節操的有志之士都是桂花的愛好者。身處黨爭漩渦的唐代詩人白居易，就曾以桂木自喻，來表達自己的正直：「中立不倚，峻節凜然，於八木之中，而自比於桂，殆未為過也。

南宋名將李綱更是摯愛桂花。李綱一生志在抗金，渴望收復中原失地，然而在偏安的南宋朝廷中始終無法得到重用。壯志未酬的他晚年退居福州，將自己的書齋命名為「桂齋」，並親手種植桂花以明志。後來，晚清民族英雄林則徐在福州重修李綱祠時，在祠旁修築了一間書齋，也題名為「桂齋」，以示繼承李綱的愛國遺志。

第十節　滿樹如嬌爛漫紅，萬枝丹彩灼春融——桃花

桃花，薔薇科植物，落葉喬木，主要分果桃和花桃兩大類。桃樹葉呈橢圓狀披針形，葉緣有粗鋸齒，無毛；樹幹灰褐色，粗糙有孔；核果近球形。性喜光，要求通風良好；喜排水良好，耐旱，畏澇。桃花有白、粉紅、紅等色，重瓣或半重瓣，花期三月左右。

在中國古代文獻中，桃元素出現得很早。在遠古神話傳說《夸父逐日》中，追趕太陽的夸父臨死時，拋掉手裡的杖，那杖頓時變成了一片碩果纍纍的桃林，以便後來追求光明的人們解渴。由此可見遠古先民們對桃的深厚感情。而《詩經》中也多次出現了桃的意象，「桃之夭夭，灼灼其華」一句更是直接點出了桃花意象。

桃花不僅具有很高的觀賞價值，還能疏通經絡、滋潤皮膚，有一定的藥用價值。相傳南朝陶弘景堅持服用桃花，所以面色就像桃花一樣紅潤光澤；而從北朝開始，民間就流傳著以桃花白雪相和洗面的美容祕方；隋時宮廷還流行將胭脂與粉按一定比例調和而化成的「桃花妝」。

古往今來，描繪桃花的文學作品不勝枚舉。美麗鮮豔的桃花在浩瀚的歷史長河中織就了一條繁華的錦緞，向人們展示著一個個春天的傳說。

滿樹如嬌爛漫紅，萬枝丹彩灼春融。何當結作千年實，將示人間造化工。

唐代詩人吳融的這首〈桃花〉將桃花盛開時燦爛繁華的景象描繪得淋漓盡致。天真爛漫的桃花開滿枝頭，嬌豔的色彩就像要將春天燃燒起來似的。這蓬勃的生命力是屬於桃花的獨特魅力。詩人在尾句設問祈盼，希望桃樹能夠結出千年的果實，將大自然神奇的造化之功展示於人間，造福人們。

人面桃花相映紅

去年今日此門中，人面桃花相映紅。人面不知何處去，桃花依舊笑春風。

說起桃花，許多人都會想起唐代詩人崔護的這首名詩〈題都城南莊〉。而這首膾炙人口的佳作背後還流傳著一個動人的傳奇故事。

◎人面桃花相映紅

據唐人孟棨《本事詩》中記載，當年崔護考進士未中，於清明節前後，獨自到長安城郊南莊遊玩。他走到一處人家門前，只見隱隱約約院子裡桃花盛開得正好，四處寂靜得彷彿無人在家。崔護不禁敲了敲門，過了一會兒，一名女子從門縫裡瞧了他一眼，問道：「是誰啊？」崔護連忙報上自己的姓名，並說：「我一人出城春遊，酒後口渴，想來求點水喝，望姑娘行個方便。」那女子進屋端來一杯水，打開門，將崔護迎進門裡，讓他坐下喝水。

崔護這才細細打量起這女子，發現她姿色豔麗、神態嫵媚，很有氣質。女子一個人倚靠著小桃樹靜靜地站立著，似乎對客人懷著極為深厚的情意。崔護用話引她，她卻只是默默無語。兩個人就這麼相對無言，互相望著對方。良久，崔護起身告辭，女子將他送至門口，似乎欲言又止，卻又什麼也沒說就回了屋裡。崔護只得戀戀不捨地悵然而歸，他心裡暗暗下定決心，絕不再來見這個女子。

可是，思念豈是人力所能克制。第二年清明節的時候，崔護忽然憶起那個桃花樹下的女子，一時無法自持，便直奔城南去找她。然而，他到了那裡一看，雖還是當年同樣的院落門庭，可門上已上了一把大鎖。失望不已的崔護便在左邊的一扇門上題下了這首〈題都城南莊〉。

過了些日子，崔護放不下思念，又去城南尋找那位女子。這一回，他隱約聽到門內有哭聲，便叩門詢問。一位老人走了出來，說：「你是崔護嗎？」崔護答道：「在下正是。」老人哭著說：「你殺了我的女兒！」崔護一頭霧水，又驚又怕，不知該怎樣回答。

老人說：「我女兒已經成年，知書達理，尚未嫁人。自從去年以來，不知發生了什麼事，經常神情恍惚，若有所失。那天我陪她出去散心，回家的時候，她看到左門上有題字，讀了之後一直悶悶不樂。沒多久就生了一場大病，絕食幾天便死了。我年紀大了，只有這麼個女兒，之所以遲遲未嫁，是因為我想給她找個可靠的君子，好使我終身有託。沒想到，如今她竟先我而去。這不是你害死她的嗎？」

老人說完，又扶著崔護大哭。崔護聽了前後緣由，也感到十分悲痛，便請求進屋去祭拜亡靈。死去的女子安詳地躺在床上，仍然是生前的模樣，彷彿只是睡著了一般。崔護忍不住抱起她的頭，枕在自己的腿上，邊哭邊說：「是我啊……我在這裡，我在這裡……」

奇蹟發生了，過了一會兒，女子竟然睜開了眼睛，死而復生！老人與崔護都驚喜不已，原來愛情的力量是這麼神奇。這個故事有個皆大歡喜的結局：老人將女兒許配給了崔護，有情人終成眷屬。

這個愛情故事深受中國古代人民的喜歡，多次被改編為戲曲作品。其中，最有名的當屬明人孟稱舜所著《桃花人面》，其於一九五一年被改編為越劇，有了新的藝術生命。

而「人面桃花」也成為詩詞歌賦中經常出現的典故。其或用於讚美春日景色，如宋王洋〈攜稚幼看桃花〉：「人面看花花笑人，春風吹絮絮催春。」或用於表達對往昔戀情的追憶，如宋柳永〈滿朝歡〉：

因念秦樓彩鳳，楚館朝雲，往昔曾迷歌笑。別來歲久，偶憶歡盟重到，人面桃花，未知何處。但掩朱扉悄悄，盡日佇立無言，贏得淒涼懷抱。

詞中的「彩鳳」和「朝雲」都是詞人曾經愛戀的歌女。當日歡笑已成往昔，如今人面桃花，卻是物是人非。

桃花得氣美人中

垂楊小院秀簾東，鶯閣殘枝未相逢。大抵西泠寒食路，桃花得氣美人中。

這首絕句為明末秦淮八豔之一的柳如是所作。清冷寂靜的開首，讓人誤以為這又是一首女兒傷春之作，然而末句卻出人意料地陡然翻起：煙雨濛濛的暮春，一位婀娜多姿的女子正獨自漫步於青苔小徑上，眼前之路似已到盡頭，而轉身一看，忽然發現那早已開敗的桃花又陡然怒放，燦若雲霞。也許，那樹上桃花正是得到了美人氣息的滋養，因而才盛放的吧。

柳如是曾與明末著名文人陳子龍有過一段感情，據考證，這首詩與陳子龍的詩作有呼應之處。美人筆下的桃花，應該還象徵著過去美好而幸福的愛情吧。

桃花美人相互映照的情景自然是美不勝收的，燦爛嬌媚的桃花也許是最適宜用來形容女性的花卉。

春秋時候，陳國的公主息嬀，先嫁於息侯，後息為楚所滅，息嬀被迫成為楚國王后。這名美貌過人的女子命運多舛，卻與桃花緣分不淺。傳言她出生時額上即帶著桃花胎記，彼時雖是深秋，滿園桃花卻逆時盛開。她死後葬於「桃花洞」旁，又被後人稱為「桃花夫人」。宋人徐照有〈題桃花夫人廟〉一詩，開首即言：「一樹桃花髮，桃花即是君。」儼然將桃花與美貌的息夫人看成一體。

宋虞通之的《妒記》還記載了一件奇事。相傳有個叫阮宣的人，家裡有一株桃樹。一天，桃花盛開，華美燦爛，阮宣情不自禁地讚嘆了幾句。誰知，就是這麼幾句溢美之詞，竟惹怒了善於妒忌的妻子武氏，她大發雷霆，命下人拿刀將樹砍倒，還非得把桃花都踩爛了才善罷甘休。僅僅是幾株桃花，居然能引起妻子的妒忌之心，可見在古人心中，桃花本身包含著非常強烈的女性意蘊。

桃花盛開時極為燦爛明媚，然而花期相當短暫，前後只有十五天左右。清人李漁即曾言：「色之極媚者莫過於桃，而壽之極短者亦莫過於桃。」

匆匆凋謝的桃花不禁令人聯想到紅顏易逝。《紅樓夢》中多愁善感的林黛玉就曾感傷於凋落滿地的桃花花瓣。為了讓落花不被人糟蹋，她將它們裝在絹袋之中，埋在土裡，成一花塚，這一情節即著名的黛玉葬花。

黛玉還作了一首〈葬花吟〉，既寫給凋落的桃花，也寫給無依的自己。這首〈葬花吟〉當屬《紅樓夢》中最美麗的詩歌之一，其中多有名句：

花謝花飛花滿天，紅消香斷有誰憐？

漫天飄零的落花，不禁令黛玉產生了深刻的共鳴。鮮紅的顏色褪去了，芬芳的香味消失了，有誰對它同情憐惜？而紅顏衰老的那一天，恐怕也是如此吧。

桃李明年能再發，明年閨中知有誰？

桃花明年可以再度開放，那麼閨中的青春呢，只是一去不復返了。

一年三百六十日，風刀霜劍嚴相逼；

明媚鮮妍能幾時，一朝漂泊難尋覓。

桃花一年遭受了多少風吹雨打，那刀一樣的寒風，劍一般的嚴霜，一直無情地摧殘著花枝。盛放的花期如此短暫，明媚鮮豔的花朵，能夠支撐多少時候？一旦枯萎凋謝，就再也無處尋覓。其實，女子的命運又何嘗不是如此呢？

天盡頭，何處有香丘？

未若錦囊收豔骨，一抔淨土掩風流。
質本潔來還潔去，強於汙淖陷渠溝。
爾今死去儂收葬，未卜儂身何日喪？
儂今葬花人笑痴，他年葬儂知是誰？
試看春殘花漸落，便是紅顏老死時；
一朝春盡紅顏老，花落人亡兩不知！

黛玉認為，以土掩埋是落花最好的歸宿，潔淨地誕生，就潔淨地化為烏有，這比流落在汙泥髒水中要強上千百倍。可是，今日有她來埋葬這些凋落的花瓣，等她離世的時候，又有誰來埋葬她呢？春盡花落之時，就是紅顏老去之時。而總有一天，花落人亡，兩不相知。

這首〈葬花吟〉中蘊含著無盡的悲傷，全由匆匆凋落的桃花而起。傷春的人們，看著這轉瞬即逝的燦爛，不禁發出時光易逝的感慨。

桃花與女性之間千絲萬縷的連繫是難以一時道盡的。直到今天，人們還以「面若桃花」形容女子的臉龐像桃花一樣明媚可人，或以「桃花運」來表示男子得到女子的特別愛戀。桃花如佳人，佳人似桃花，都是春日盛放的紅顏。

妖豔桃花自有德

從古到今，桃花都深受人們的喜愛。唐朝玄宗皇帝就特別喜歡與楊貴妃一起欣賞桃花。《據開元天寶遺事》記載，有一次，唐玄宗與貴妃在樹下設宴，玄宗看著盛開的千葉桃花，不禁稱讚道：「不只是萱草能使人忘憂，這桃花也能使人銷恨啊！」還有一次，玄宗特地摘下一朵新開的桃花插在楊貴妃的寶冠之上，並說：「這桃花特別能助嬌態。」言語之間，盡是寵愛之情。

唐代民間種植桃花的情況很普遍，高適有「時代種桃李」之句，獨孤及也說「桃杏滿四鄰」，可見許多民眾喜歡種桃花、賞桃花。這也跟桃花易於種植生長的特點有一定關係。但另一方面，古人又對桃花抱著一種很矛盾的心理，晚唐文人皮日休就曾言，世人「以眾為繁，以多見鄙」，桃花常常受到不公正的審美評價。

這種情況在宋人那裡更為明顯。宋代品花風尚尤以少者為貴，多者為賤，而且桃花色彩豔麗，不符合宋人清雅的審美追求，因此常被認為不夠莊重。

陸游就曾多次在自己的詩作中斥責桃李，桃花是作為其所欣賞的梅花的對立面而存在的：

俗人愛桃李，苦道太疏瘦。（〈雪中臥病在告戲作〉）

飽知桃李俗到骨，何至與渠爭著鞭。（〈雪後尋梅偶得絕句十首〉）

平生不喜凡桃李，看了梅花睡過春。（〈探梅〉）

王安石〈詠梅〉一詩也說：

望塵俗眼哪知此，只買夭桃豔杏栽。

桃花豔麗的色彩，在宋人眼裡顯得過於妖豔和俗氣。與那些象徵高潔的花卉相比，桃花顯然成了品德敗壞的代表。

但是，花色、花形都是大自然的造作，渾然天成的美好是不能以道德的標準去衡量的。即使是深厭俗桃的詩人陸游，在一次泛舟觀賞桃花後，也不禁稱讚二月桃花盛放的美好景象：

花涇二月桃花髮，霞照波心錦裏山。說與東風直須惜，莫吹一片落人間。

陸游這種主觀上摒棄桃花，而又不由自主為桃花之美所折服的矛盾心理，在古代文人中非常常見。事實上，從另一層面來說，桃花在品德修養方面也並非一無是處。急切想為桃花翻案的皮日休就說，世上的那些花卉「或以曬而稱珍，或以疏而見貴。或有實而華乖，或有花而實悴」，唯有桃花「其花可以暢君之心目，其實可以充君之口腹」，價值最高，他不禁高呼自己要重修花品，將桃花列為第一。

事實上，早在漢代的時候，司馬遷就已經注意到桃花的美好品德。在《史記．李將軍列傳》中，司馬遷就以「桃李不言，下自成蹊」盛讚李廣將軍不張揚的高尚品性。桃李既有芬芳的花朵，又有甘甜的果實，它們不會說話，只是默默地供人們賞花、嘗果。人們為花果所吸引，來往不絕，樹下就自然走出一條路來。

這種不事張揚、默默奉獻的精神，不正是被人們鄙夷的桃李之輩的高尚品質嗎？後代詩詞多以此為典故，如辛棄疾的〈一剪梅〉：

獨立蒼茫醉不歸。日暮天寒，歸去來兮。探梅踏雪幾何時。今我來思，楊柳依依。
白石岡頭曲岸西，一片閒愁，芳草萋萋。多情山鳥不須啼。桃李無言，下自成蹊。

這首詞題為〈遊蔣山呈葉丞相〉，是時年三十五歲的辛棄疾送給當時管理建康府的葉衡的作品。辛棄疾希望葉衡把建康建設成為出兵北伐的前哨陣地。而「桃李無言，下自成蹊」一句，是以桃李來稱讚葉衡在建康所作的努力，並且告訴葉衡，愛國志士們都會來投奔他、支持他的。

桃花不僅有著默默奉獻的寓意，在中國傳統文化中，它還象徵著隱逸與仙境，象徵著一種遠離塵囂的快樂。唐代張志和有〈漁歌子〉一首：

西塞山前白鷺飛，桃花流水鱖魚肥。青箬笠，綠蓑衣，斜風細雨不須歸。

漁翁宛如一位自樂的隱士，無憂無慮地享受著自然的意趣。而其中「桃花流水」的意象也為這自由的生活增添了幾分瀟灑的色彩。

宋秦觀〈虞美人〉一詞更直言桃花來自仙境：

碧桃天上栽和露，不是凡花數。

而東晉陶淵明的〈桃花源記〉則在桃花深處構建了一個人間的世外桃源：

忽逢桃花林，夾岸數百步，中無雜樹，芳草鮮美，落英繽紛。

在這麼一片美麗芬芳的桃花林之後，是一個人人安居樂業、自給自足的桃源仙境：

土地平曠，屋舍儼然，有良田美池桑竹之屬。阡陌交通，雞犬相聞。其中往來種作，男女衣著，悉如外人。黃髮垂髫，並怡然自樂。

這幅情景，正是中國古代文人孜孜追求的古樸而安樂的生活景象。從此以後，桃花源就成了文人心中永遠的精神樂土。

第四章　花神、花仙與花妖

四季的司花之神，縹緲的掌花仙女，冶豔的花中精靈……花的靈魂與人的情感交織纏繞，留下了一個又一個浪漫的傳說。

第一節　尚勞點綴賀花神——民間傳說中的十二花神

在萬物有靈觀的影響下，古人認為花之美醜及其生死榮枯應該由司花之神管理統治，因而關於花神的概念就形成了。最早的花神可以追溯到親嘗百草的神農氏，人們為了感謝他的貢獻，尊稱其為「花皇」。道家中擅長植花種草的神仙女夷則直接被尊稱為「花神」。

花開各有時，四季的變化牽動著文人敏感的心扉。在花神概念成熟完善的過程中，其與農曆月令相結合，逐漸形成了關於十二月花神的習俗。這一說法，很有可能由唐宋之際開始醞釀，到明代已經基本確定。

由於各地花期不同，且文化差異較大，關於十二月花神的具體界定有多種說法。而文人專著方面，晚清學者俞樾撰寫的《十二月花神議》，是較完整具體地描繪十二月花神的專著，其中將花神分為男女兩組，且兩組各有一總領群花之神。

一九二〇年代著名崑劇戲班仙霓社在滬演出《牡丹亭．遊園驚夢》時，添加花王及十二花神，邊歌邊舞，以活躍場面。後京劇名旦梅蘭芳演出此劇時，則重新具體編排，其中花王牡丹花為末扮白樂天，而十二花神分別為：正月梅花，小生扮柳夢梅；二月杏花，五旦扮杜麗娘；三月桃花，老生扮梅延照；四月薔薇花，刺旦扮楊玉環；五月石榴花，淨扮鍾馗；六月荷花，作旦扮西施；七月鳳仙花，醜扮石崇；八月桂花，六旦扮貂蟬；九月菊花，副扮陶淵明；十月芙蓉花，正旦扮王昭君；十一月水仙花，外扮楊老令公；十二月蠟梅花，老旦扮佘太君。直到今天，上海崑劇團演出此劇時，仍保留花王及十二花神的舞蹈表演；但所扮花神僅為一般仙女，並非指特定人物。

花開枝頭春似錦

正月的月令花一般被認為是梅花。梅花在早春的開放透露著一年起始的訊息，故有梅花報春一說。在梅花花神的傳說中，被譽為「梅妻鶴子」的林逋、形成「梅花妝」流行的壽陽公主、醉後偶遇梅花佳人的趙師雄都是流傳較廣的說法。除此之外，南朝梁詩人何遜因寫梅花詩、明代戲曲《牡丹亭》中的主角柳夢梅因在梅樹下遇見杜麗娘，都成為一些傳說中梅花花神的人選。

還有一位廣受認可的梅花花神，就是唐玄宗之妃江采蘋。江采蘋出生於福建莆田，唐玄宗開元年間被選入宮中。清秀淡雅又多才多藝的她，一時備受玄宗寵幸。江采蘋酷愛梅花，所居之處遍植梅樹，所著衣物也多是清淡雅緻的，唐玄宗因此稱她為梅妃。其舞技十分出眾，而尤善跳〈驚鴻舞〉，每舞之時，便如飛鳥展翅，輕飄如仙，玄宗曾當眾稱讚梅妃「吹白玉笛，作〈驚鴻舞〉，一座光輝」。

楊玉環入宮之後，梅妃逐漸失寵。相傳一個冬日，唐玄宗外出賞雪，偶然看到滿枝梅花，不禁想起昔日寵愛的梅妃，便命人給她送去一斗珍珠。然而，自尊心頗強的梅妃有著梅花一樣的傲骨，她斷然拒絕了饋贈，還作詩一首，表達自己孤寂哀怨的情緒：

柳葉雙眉久不描，殘妝和淚汙紅綃。長門盡日無梳洗，何必珍珠慰寂寥。

唐玄宗見到此詩，心中頗感愧疚，命人配曲演唱，其後來成為名滿一時的歌曲〈一斛珠〉。

安史之亂平定後，唐玄宗孤身一人回到宮中，又想起梅妃，命人尋找，卻蹤跡俱無。一日，有人獻上一幅梅妃翩舞的畫像，玄宗看著畫中之人，心中悲痛萬分，題詩一首：

憶昔嬌妃在紫宸，鉛華不御得天真。霜綃雖似當時態，爭奈嬌波不顧人。

畫中之人雖有幾分相似，但終究不是活生生的真人。當年那輕歌曼舞的梅妃，如今已無處可尋，難怪玄宗皇帝感到如此悲傷了。

二月的月令花，最盛行的說法是杏花。杏花，李屬李亞屬植物，先葉開放，花瓣白色或稍帶紅暈。其具有變色的特點，含苞待放時，呈豔紅色，隨著花瓣的伸展，色彩漸漸由濃轉淡，到凋落時即成雪白。宋代詩人楊萬里有詠杏絕句，描述了杏花獨特的顏色特徵：

道白非真白，言紅不若紅。請君紅白外，別眼看天工。

關於杏花花神，一種說法為楊玉環。相傳楊玉環小時候皮膚黝黑，並無動人姿色。她家後院種著一棵杏樹，於是她便天天服食杏果，以杏仁來保養皮膚，這麼日復一日，最終竟脫胎換骨，成為膚如凝脂的美人。

楊玉環與杏花之間，還有一則傳說。安史之亂爆發後，楊玉環被迫自縊於馬嵬坡。後叛亂被平定，唐玄宗欲將貴妃移葬他處時，看見馬嵬坡上生長著一株杏花，亭亭玉立，宛如佳人生前模樣，故後人尊楊貴妃為杏花花神。

杏花花神的另一種說法是燧人氏。據言鑽木取火的燧人氏四季採用不同的材料取火，其中「夏取棗杏之火」，意思是夏天以棗樹、杏樹為取火的材料。

三月的月令花是桃花。桃花盛開時，正是春意濃郁。陽春三月，草長鶯飛，賞桃花之人絡繹不絕，桃花作為三月的月令花真是再適合不過了。

關於桃花花神，有許多不同說法。作〈桃花賦〉盛讚桃花「豔中之豔，花中之花」的皮日休，寫下「人面桃花相映紅」名句的詩人崔護，以及戰國美人息夫人，都是桃花花神的人選。

還有一種說法，將元順帝的淑姬戈小娥列為桃花花神。相傳元順帝眾多妃子中，有七位最受寵愛，時人稱為「宮中七貴」。其中，淑姬戈小娥天生麗質，又常以香水沐浴，故而皮膚白裡透紅，出浴之時彷彿桃花帶露，嬌媚異常。順帝十分喜愛戈小娥的肌膚，甚至以《詩經》典故對其稱讚：「此夭桃女也」。戈小娥因此獲得了「賽桃夫人」的別稱。

北宋楊家將之一的楊延昭也被民間看作桃花花神。楊延昭又稱楊六郎，繼承父業，守邊二十年，屢破契丹軍。民間認為他抵禦外寇的力量彷彿桃木能驅逐凶禍，所以將他尊為桃花花神。

花滿人間夏抬頭

四月的月令花是牡丹花。偏愛陰涼的牡丹花多在四、五月份開放，古人有「四月牡丹花正肥」之句。牡丹花神一說為寫下〈清平調三首〉的唐代詩仙李白，一說為創作我國第一部牡丹專著《洛陽牡丹記》的北宋文人歐陽脩。

中國古典四大美女中的兩位都被尊為牡丹花神。一位是酷愛牡丹的楊玉環。相傳一日，楊貴妃在花園中遊玩，看見牡丹花正盛開，十分喜愛，不禁走到一朵牡丹花前細細觀賞。沒想到那朵牡丹花卻花瓣下垂，彷彿害羞一般。這就是著名的「羞花」傳說。而又傳說楊貴妃死後，宮中沉香亭畔的牡丹花開得十分繁盛，人們都認為那是貴妃的魂魄依附在牡丹花上的緣故。因此，楊貴妃成為牡丹花神就自然而然了。

另一位美人是三國時的貂蟬。能歌善舞的貂蟬曾在牡丹花旁練舞，她曼妙的舞姿連牡丹花也為之陶醉，不禁跟著翩翩起舞。因此後人也將貂蟬尊為牡丹花神。

四月的月令花還有薔薇花一說，而薔薇花神一說是陳後主寵妃張麗華，一說是漢武帝寵妃麗娟（麗娟與薔薇花的傳說參見第一章第一節）。

五月的月令花是石榴花。石榴花多紅色，顏色十分嬌豔，也有黃、白、粉紅等色，於初夏五月左右開花。

石榴花花神一說是出使西域時從安息國取回石榴的張騫。相傳張騫出使安息國的時候，他的住所前有一棵瘦小的石榴樹，因為缺水而乾枯了。張騫十分憐惜它，經常為它澆灌，過了些日子，那棵石榴樹竟轉活過來，還漸漸枝繁葉茂。張騫回國時，因為捨不得這棵天天相伴的石榴樹，便打算將它帶回漢朝。沒想到途中遭到匈奴劫掠，石榴樹不知所蹤。

張騫只能懷著惋惜的心情，輾轉回到長安。有一天，他偶然遇見一位穿著紅裙綠衣的女子，那女子彷彿認識他似的，逕自向他下拜，並含著淚說：「我是來報答您的澆灌之恩的。」話說完後，那女子就化作一棵石榴樹，正是張騫丟失的那一棵。於是，張騫便將這件事的原委報告給了武帝。武帝一聽，連忙命人將石榴樹移植到宮中，從此，石榴樹便在中土生了根。後人也因此將張騫尊為石榴花花神。

石榴花開放的五月，正是春夏之交，恰是疾病流行的季節，因此端午前後，家家戶戶都會貼上擅長捉鬼的鍾馗畫像以闢邪。而鍾馗疾惡如仇的性格與石榴花如火一般的顏色十分契合，因此，鍾馗也被人尊為石榴花花神。

還有說法認為擅長劍舞的唐代舞蹈家公孫大娘是石榴花花神。

六月的月令花是荷花。六月暑氣漸生，潔淨的荷花正好能給人以清涼之感。創作〈愛蓮說〉的周敦頤被認為是荷花花神。而另一種流傳較廣的說法認為荷花花神是古典美人西施。據《吳越春秋》記載，西施常到鏡湖採荷。連天的碧葉，嬌豔的紅花，襯托著如同仙女下凡一般的美人西施。這一幅絕妙的風景，甚至讓湖裡的魚兒都看呆了，牠們紛紛忘記了游水，漸漸沉到了水底。後人也因此用「沉魚」來形容西施的美貌，並將其尊為荷花花神。

唐代大曆年間的女詩人晁采也是荷花花神的人選。晁采自幼與鄰居文茂青梅竹馬，長大後，文茂以詩寄情，晁采則回贈以蓮子。文茂將蓮子埋在花盆之中，結果開出了並蒂蓮花，兩人都十分開心。後來，晁采的母親得知了他們之間的感情，認為是才子佳人的緣分，便將晁采嫁給了文茂。由於這個美麗的愛情故事，晁采也成了民間傳說中的荷花花神。

花香四溢秋意濃

七月的月令花有多種說法，一說是蜀葵花，一說是玉簪花，而這兩種花的花神都是漢武帝的寵妃李夫人。李夫人以美貌聞名，其兄長李延年曾作詩讚嘆：

北方有佳人，絕世而獨立。一顧傾人城，再顧傾人國。寧不知傾城與傾國？佳人難再得！

「傾國傾城」的典故即出自這裡。然而，紅顏命薄，李夫人年紀輕輕就香消玉殞了，宛如朝開暮落的蜀葵花一般，因此人們將李夫人稱為蜀葵花花神；由於她生前常插一朵玉簪花於鬢旁，故亦為玉簪花花神。

七月的月令花還有鳳仙花和雞冠花的說法。鳳仙花，因花形宛如飛鳳而得名。鳳仙花花神是富可敵國的晉人石崇，據說民間有這麼一首廣為傳唱的歌謠：

七月花神晉石崇，巾幗園中景不同。五色鳳仙開蘭畔，佳人喜染指頭紅。

巫山隔，水運通，鵲橋仙女巧相逢。一片彩霞雲飄渺，四時佳興與人同。

花色鮮豔的雞冠花又名「後庭花」，因此，創作〈玉樹後庭花〉的陳後主陳叔寶被後人封為七月雞冠花花神。

名花蘭花也被認為是七月的月令花。蘭花的花期很長，由春至秋，而夏日花開最盛，芳香宜人。蘭花花神為屈原。

八月的月令花是桂花，古語有「八月桂花香」的說法。由夏入秋的桂花以其獨特的清芬，為世人帶去愜意的享受。

桂花花神說法眾多。一說為唐太宗李世民的妃嬪徐惠。徐惠祖籍浙江湖州，自幼就是神童，四五歲時就將《毛詩》、《論語》背得滾瓜爛熟，成年之後更是琴棋書畫無所不通。這樣的一位才女，與唐太宗自是心心相印。太宗死後，徐惠悲傷成疾，年僅二十多歲就與世長辭，令人嘆息不已。徐惠曾仿照〈離騷〉寫過一篇吟詠桂花的文章，後人就將這位才女尊為桂花花神。

桂花花神的另一種說法是石崇的姬妾綠珠。綠珠能歌善舞，美麗動人，很受石崇的寵愛。石崇甚至花費巨資在洛陽城西為綠珠建造了一座「金谷園」。而為了讓綠珠眺望遙遠的家鄉雲南，石崇還在院內築起一座百丈高樓，並在園內種植了許多雲南常見的桂花樹。兩人在金谷園中過著歌舞升平的生活。

然而好景不長，石崇的政敵趙王倫手下一員大將孫秀對綠珠的美貌垂涎不已，向石崇索要綠珠。遭到石崇拒絕之後，孫秀惱羞成怒，便打著皇帝的旗號包圍了金谷園。綠珠不願意為他人所得，毅然從百丈高樓跳下，以死來報答石崇的知遇之恩。而後不久，石崇也死了。後人感念這位為愛殉情的女子，便將綠珠尊為桂花花神。

桂花花神的相關說法還有五子登科的竇禹鈞，以及作詩吟詠桂花的宋代名妓謝素秋和文人洪适。

也有說法認為八月的月令花為紫薇花，紫薇花神是南宋文人楊萬里。

在古代，九月是季秋之月，又稱菊月，因此，九月的月令花是菊花。菊花花神最流行的說法當屬東晉文人陶淵明。

宋代抗金名將韓世忠之妻梁紅玉一身浩然正氣，也被尊為菊花花神。梁紅玉曾連夜抱著孩子馳馬奔秀州為韓世忠通風報信，幫助丈夫平定了苗傅等人的叛亂，得封安國夫人。當年韓世忠與金國大將金兀朮大戰於黃天蕩時，梁紅玉亦曾一身戎裝，親自上戰場為夫君擊鼓助陣，後來韓世忠大獲全勝。然而不久之後，聽信秦檜讒言的宋高宗以「莫須有」的罪名殺害岳飛，韓世忠為之打抱不平，也受到牽連，被罷除兵權。夫妻倆作出了辭官的決定，歸隱杭州西湖，死後合葬於蘇堤靈岩山下。

花傲寒冬別樣紅

十月的月令花是木芙蓉。木芙蓉又名「芙蓉花」，錦葵科木槿屬，花朵大，有紅、粉紅、白等色，花期十月左右。

芙蓉花神一說為花蕊夫人。花蕊夫人即後蜀皇帝孟昶的費貴妃（一說姓徐）。她自幼能文，尤長作宮詞，嫁予蜀主孟昶之後，得賜號花蕊夫人。花蕊夫人偏愛芙蓉花，孟昶特地下令在成都境內廣植芙蓉花。尋常百姓家也爭相效仿，紛紛栽種芙蓉，成都城漸成一片芙蓉花的海洋，後也被稱為「蓉城」。出於這一原因，花蕊夫人被後人尊為芙蓉花神。

芙蓉花神的另一說法為英年早逝的北宋大書法家石曼卿。宋代民間傳說在遙遠縹緲的仙境中，有一個開滿紅花的芙蓉城。相傳石曼卿過世之後，有人曾遇到過他，石曼卿告訴來人他已成為芙蓉城的城主。這個故事流傳開來，於是石曼卿便成為十月芙蓉花神。

還有說法將作有多首吟詠芙蓉詩詞的南宋詩人范成大作為芙蓉花神。

十一月的月令花是山茶花。山茶花為山茶科植物，古名「海石榴」，還有「玉茗花」、「耐冬」等別名。其盛放於十一月，有著獨立寒霜的傲梅風骨，而豔紅的花色，又堪比牡丹，深受人們喜愛，為中國十大傳統名花之一。

山茶花神的一種說法是明代著名戲曲作家湯顯祖，他特別喜愛山茶花，甚至將自己的書齋命名為「玉茗堂」（玉茗乃山茶別名）。而不畏權貴、勇於直言的唐代詩人白居易被認為與傲霜耐寒的山茶花有著同樣的品格，也被認為是山茶花神的人選。

還有一種說法認為山茶花神是漢代美人王昭君。相傳王昭君進宮之時，不肯賄賂畫師毛延壽，毛延壽便在她的畫像上點了一顆象徵喪父的落淚痣，故而昭君一直無緣君面。後匈奴呼韓邪單于朝見漢元帝，元帝賜其五女，王昭君亦在列。昭君面聖之時，美豔的容貌震驚了整個漢宮，元帝也為之折服。他很想將昭君留下，但又不能失信於呼韓邪單于，只好將她送至匈奴。後人認為昭君不肯賄賂畫師的骨氣與大雪之時盛開的山茶花相當，便將王昭君尊為山茶花神。

十二月的月令花有水仙與蠟梅兩種說法。其中，水仙花神一說為娥皇與女英，一說為洛神，而由於洛神原名宓妃，與魏文昭皇后甄宓同名，故後人也有將甄宓尊為水仙花神的。

袁宏道的《瓶史》中有這麼一句話：

水仙神骨清絕，織女之梁玉清也。宜即以梁玉清主之。

相傳梁玉清是織女的侍女，曾隨太白金星私下凡間，並育有一子。清高的仙女形象特別適合潔淨的水仙花，因而梁玉清也被認為是水仙花神。

十二月蠟梅花神一說是宋代的蘇東坡及黃庭堅，因為他們曾倡議將黃梅改稱為蠟梅。而流傳更廣的說法則為楊令婆，即佘太君。在民間流傳的楊家將故事中，疾惡如仇、深明大義的佘太君，不僅將自己的兒孫送上戰場，甚至還親自上陣，抵抗外敵。佘太君颯爽的英姿深入人心，其不屈的個性也讓人聯想到深冬怒放的蠟梅，因而被尊為蠟梅花神。

第二節　花妖樹怪亦多情——《聊齋志異》中的花與情愁

《聊齋志異》是清代著名小說家蒲松齡創作的一部文言短篇小說集。「聊齋」是蒲松齡的書齋名，「志」是記述的意思，「異」指奇異的故事。《聊齋志異》就是一部以奇異之事為主要內容的故事集。據說作者蒲松齡在寫這部《聊齋志異》時，專門在家門口開了一家茶館，請喝茶的人為他講故事；若故事有趣，便可不付茶錢。蒲松齡就將這些聽來的故事加以藝術再創作，寫進書裡。

蒲松齡自言「才非干寶，雅愛搜神；情類黃州，喜人談鬼」。干寶是東晉的文人，他所創作的《搜神記》開創了中國古代神話小說的先河；而黃州指的則是蘇東坡，據說蘇東坡被貶黃州時期，十分無聊，便請人談鬼，別人說沒有鬼，蘇東坡就說，你隨便講講吧。蒲松齡將自己與這樣兩個人相提並論，正表現出他對鬼神之事的濃厚興趣。因此，《聊齋志異》多談狐仙、鬼妖、人獸，而透過對這些精怪鬼魅的奇聞逸事的描繪，對當時社會的黑暗面和人性有一定程度的反映。

蒲松齡十九歲時，以縣、府、道三個第一考取秀才，頗有文名，但在之後的人生中一直屢試不中，直到七十一歲時才補了一個歲貢生。坎坷不平的仕途之路，讓蒲松齡對社會和人生都積蓄了許多深沉的看法。他將滿腹不平之情都傾訴到小說的創作之中，可以說《聊齋志異》就是一部關於花妖狐魅的「史記」。

其中，〈葛巾〉、〈黃英〉、〈荷花三娘子〉是三篇很有代表性的以花妖為主角的小說。

只因疑心失葛巾

傳說洛陽有個叫常大用的人，喜歡牡丹成癖。他聽說曹州牡丹跟齊魯齊名，一直非常嚮往。有一次，他正好因為別的事情到曹州，便借一個大戶人家的園子居住下來。當時正是二月，牡丹還沒有開花，他就天天徘徊在園中，注視著枝頭，希望花蕾快快展開。不久，花兒終於到了含苞欲放的時候，可是大用的錢卻快用完了。他一心想看牡丹，便把春天穿的衣服典當了，仍然在曹州流連忘返。

一天早晨，他又來到賞牡丹的園子，卻看到一個年輕女郎和一個老婦人在那裡。常大用被那位女郎的美貌給迷住了，他唐突地上前搭訕，卻被老婦人喝斥了一頓，只得垂頭喪氣地回了住處。

回去以後，大用心裡又懼怕又後悔，怕的是女郎回去告訴她的父親兄長，她家裡人回來找自己算帳；悔的是自己的行為真是太淺薄唐突了。如此輾轉反側，他當晚就病倒了。第二天，倒是也沒有人來興師問罪，大用在病床上卻愈發思念那位女郎的容貌和聲音了。他就這麼過了三天，真是憔悴得都快死了。

一天夜裡，僕人們熟睡之後。那位老婦人為大用送來一碗湯藥，說是她家的葛巾娘子親手為他做的劇毒湯藥。

大用接過藥，感慨道：「與其相思而死，倒不如被她親手毒死！」說完，他就將碗裡的湯藥一飲而盡。沒想到過了一會兒，大用只感覺心肺舒暢，頭腦清爽，漸漸就酣然睡去了。等醒來的時候，病就完全好了。

大愈之後，大用更加相信那位女郎一定是仙女。可是他也不知道要怎麼找到她，只好默默向神明祈求有朝一日能再見她一面。

也許是他的誠心感動了上天，大用終於又見到了那位女郎，她不僅擁有嬌媚的容貌，還散發著一股令人骨髓酥麻的香味。幾經波折，大用終於一親芳澤。女郎一再聲明自己並不是什麼神仙，卻也不肯透露自己的姓名家事。大用只有一次在女郎的床頭發現一個結著紫巾的水晶如意，除此之外，他對女郎一無所知。

兩人就這麼祕密地交往著。大用幾乎完全打消了回家的念頭，可是錢快花光了，他打算把馬賣掉。這件事被女郎知道了，她不顧大用的極力反對，硬是要將自己的積蓄借給他，大用感動不已。

兩人的感情漸漸發展到難捨難分的地步，終於決定一起出逃。女郎讓大用先回去，約定在洛陽相會。大用辦完一些瑣事就回家了，打算先到家安頓好再迎接女郎。可沒想到等他到家的時候，女郎的車子也正好到了門口。女郎拜見了大用的家人，兩人就這樣成了夫妻。

大用還有些害怕，女郎卻十分坦然：「別說我們身在千里之外，曹州的人找不到；即使他們知道了，我是富貴人家的女子，就像卓王孫拿司馬相如沒辦法一樣，我娘家的人也不能對你怎麼樣！」

常大用的弟弟常大器，結婚一年喪偶。女郎將自己的妹妹玉版接來，嫁給了大器。兄弟二人都得到美麗的媳婦，生活得十分美滿，家裡的日子也一天比一天富裕。

一天，一夥強盜闖進了常家，吵嚷著要見兩位常夫人。大用媳婦和玉版不顧家人的反對，下樓與強盜相見。兩人打扮得十分華美，正色喝斥強盜：「我們姐妹都是仙女，暫時到人間來，怎麼會怕你們這些強盜？還不趕緊退散！」強盜們震懾於兩姐妹的氣勢，都哄然散去了。

這麼相安無事地過了兩年，姐妹倆各生下一個孩子。這時候，大用媳婦才說起自己姓魏，母親曾被封為曹國夫人。大用卻起了疑心，他從未聽過曹州有什麼魏姓世家，更何況，大戶人家丟了女兒，哪能連找也不找呢？

他沒敢多問，便找了個理由又去了曹州。仔細查訪之後，他發現當地的世家大族中並無魏姓，於是便又去了以前租住過的地方。在那裡，大用發現牆壁上貼著一首贈曹國夫人的詩，便向主人詢問。

主人請他去看曹國夫人，卻發現是一株與房檐一樣高的牡丹花。原來，這株花是曹州第一牡丹花，因此才得這個封號。主人還告訴大用，這株牡丹的品種是葛巾紫，大用聽了更是驚異不已，心裡開始懷疑兩姐妹是花妖。

他回到家中，不敢直接詢問，只說起看到了贈曹國夫人的詩，來試探媳婦的反應。沒想到大用媳婦一聽就變了臉色，她急忙喊玉版抱著孩子過來，對大用說：「三年前，我感動於你對我的愛情，所以以身相許來回報你。現在你懷疑我，我們怎麼還能在一起生活？」

說完，她和玉版都把孩子高高舉起，再遠遠地摔在地上，兩個孩子一落地就不見了。還沒等大用緩過神來，兩姐妹也已不見身影。大用悔恨不已。

過了幾天，孩子落地的地方長出了兩株牡丹，一夜之間就長了一尺多高。一株開出紫花，一株開出白花，花朵就好像盤子那麼大。過了幾年，牡丹越長越多，分移到其他地方，變化出許多不同種類。自此牡丹之盛，沒有比得上洛陽的了。

良友麗人皆菊花

順天人馬子才特別喜愛菊花，只要聽說有好的菊花品種，哪怕遠隔千里，也一定要買回來。一天，一位來自金陵的客人借住在他家，見他喜歡菊花，便提起自己的表親有北方所沒有的菊花品種。子才被說動了心，立刻準備行裝，跟隨客人到了金陵，千方百計尋求到兩株菊芽苗。他像對待寶貝一樣，將菊芽包好打道回府。

回家的路上，子才遇到一個陶姓年輕人，騎著驢子跟在一輛油碧車的後面。兩人談起菊花種植，相當投機。子才詢問他去往何處，陶生說車子裡坐著他的姐姐，姐姐厭煩金陵，想到河北去住。子才就邀請姐弟倆住在自己家的茅屋裡。

陶生到車前徵求姐姐的意見，車裡的人掀開簾子答話，原來是一位二十多歲的絕代美人。她答應了子才的邀請。

兩姐弟就這麼在子才家南面的苗圃住了下來。陶生每天到子才家幫他整治菊花，有的菊花已枯萎，他就拔出根來重新栽下去，竟然都能成活。馬家清貧，卻常邀請他一起吃喝。過了些日子，子才發覺陶家似乎從不生火煮飯。

陶家姐姐小名叫黃英，子才的妻子呂氏與她相處得很好，兩人常常一同紡麻。有一天，陶生向子才提議以賣菊花維持生計。向來清高耿直的子才正聲拒絕了這一請求，認為這是對菊花的一種侮辱。陶生說：「自食其力不可謂貪婪，賣花為業也不能算庸俗。

一個人固然不能苟且謀求富裕，但是也不必甘於貧困。」說完就走了。

從此，陶生將子才所丟棄的殘枝劣種全都撿回去，他不再常到馬家來了。等到菊花開時，陶家門庭若市。子才跑過去看，只見買花的人絡繹不絕，手裡捧的花都是些自己從未見過的奇異品種。

子才雖然厭惡陶生的貪心，卻又嫉妒他的好品種，就去他家裡想指責他。陶生出來，將子才拉進門，子才看見庭院已全成了菊壟。那些被挖走花的地方，就折斷別的花枝補插上。而地上待放的那些菊花，全都美麗異常。子才仔細一看，竟都是自己以前丟棄的。

陶生拿出酒食宴請子才，席間黃英呼喚陶生，子才就問陶生：「你姐姐為什麼不出嫁？」陶生說：「時間還沒到。」子才不解：「什麼時候？」陶生答道：「四十三個月之後。」子才更疑惑了：「此話怎講？」陶生笑而不語。

第二天，子才又到陶家，發現昨天新插的菊花枝已長成一尺高了。又過了幾天，陶生帶著幾捆菊花離家而去，一年之後，才用車裝載著南方的奇異花卉回來了。他在城裡開設花店，十天工夫就將花全部賣完，又回家種起了菊花。而上一年買花的人留下的花根，第二年都變壞了，就又向他購買。他因此一天天富起來。

陶家富裕之後，將自己的房屋整修一新，過去的花壟漸漸全成了房舍。陶生重新在牆外買了一片田，在四周築起牆，全都種上菊花。秋天的時候，陶生又往南方去了，到第二年春末還沒有回來。這時候，子才的妻子病逝了，子才有意娶黃英為妻，於是暗地裡讓人透口風給她。黃英聽後，微微一笑，好像同意的樣子，只是說要等弟弟回來。

一年多了，陶生始終沒回來，黃英於是督促僕人種菊，和弟弟種的不相上下。陶家愈發富裕，在村外經營良田二十頃，宅邸也更豪華壯觀了。忽然有一天，一個東粵來的人帶給子才一封陶生的信。陶生在信裡讓黃英嫁給子才，而落款日期，竟然是馬妻去世的那一天。子才回憶起與陶生在菊園喝酒之事，正好過了四十三個月。

子才覺得很奇怪，他把信拿給黃英看，說要下聘迎娶她。黃英推辭了彩禮，並表示馬家的房子太簡陋，希望子才跟她一起住在自己家裡，就像入贅一樣。子才不答應，還是將黃英娶到了馬家。

黃英聽從了子才的意見，不再經營菊花，但家裡的財產早已超過了那些世代富貴的人家。雖然子才不希望依靠妻子的財產生活，但夫妻雙方的東西總是難以一一區分的。

幾次爭吵之後，子才最終還是接受了黃英的安排，將兩家的房舍連在了一起。

後來，陶生也回來了，一次與人飲酒，喝得大醉而歸。他歪歪斜斜地走在菊壟上，不一會兒躺倒在地，衣服丟在旁邊，忽然間竟變成了像人一樣高的菊花，花開了十幾朵，每朵都有拳頭那麼大。子才看到此情景，十分驚駭，忙跑去告訴黃英。

黃英匆忙趕來，拔出菊花放在地上，說：「怎麼醉成這樣！」又拿起衣服蓋在菊花上，讓子才跟她一起走，並告誡他不要看。

子才心裡忐忑，第二天早上到菊壟一看，只見陶生睡在那裡。他這才意識到姐弟倆都是菊花精，心裡更加敬重他們。

陶生因為已露形跡，更加放縱喝酒。一天，正值百花生日，陶生又喝得爛醉，變成菊花。子才倒也見慣了，學著黃英的樣子拔出菊花，守在旁邊觀察它的變化。

沒想到過了一陣子，菊葉漸漸枯萎了，子才十分害怕，這才去告訴黃英。黃英一聽，嚇得大叫：「你害死我弟弟啦！」趕忙跑去一看，菊花的根莖都已乾枯了。

黃英十分悲痛，她掐斷菊花的桿子，把它埋在花盆裡，每天給它澆水。子才十分悔恨，卻也別無他法。那盆中的花漸漸萌芽，到九月時開了花，花莖低矮，花朵粉白，有一股酒香，用酒澆灌它，就長得更加茂盛，於是子才與黃英為其取名「醉陶」。後來，子才與黃英相偕終老。

紗衣蓮女長相思

浙江湖州有個讀書人叫宗湘若，被狐妖迷惑，夜夜歡愛，沒多久便身患大病。後其家人求得一位西域僧人的符咒，將狐妖收服。家人正要依僧人之法殺死狐妖時，湘若念及舊情，不忍傷害狐妖的千年道行，就做主放了她。

被放生的狐女亦有情有義，為了報答湘若，她不僅治好了他的病，還為他找了一位伴侶。她讓湘若到南湖找一個穿蠶絲縐紗披肩的採菱女，還囑咐他如果分辨不清她的去處，就查看堤邊，尋找一枝隱藏在葉子底下的短桿蓮花。狐女對湘若說：「只要將蓮花採回來，點上蠟燭燒那花蒂，你就能得到一位美麗的妻子，並且健康長壽。」說完這些，狐女就與湘若告別了。

第二天，湘若依言到了南湖。湖中荷花盛放，果然有許多美麗的採菱女穿梭其中，而一個垂著長髮、穿著蠶絲縐紗披肩的女子顯得特別嬌豔動人。湘若將船迅速向她划去，可忽然間就找不到那個女子了。湘若便按照狐女所說，找到荷葉下的紅蓮帶回了家。

他正要燒花蒂，蓮花忽然就變成了那位採菱女。湘若又驚又喜，急忙伏地而拜。蓮女說：「你這個痴書生，我可是個狐妖，會給你帶來災禍！」湘若不聽。

蓮女又說：「是誰教你這樣做的？」

湘若答道：「我自己便能認識你，哪用得上別人教我？」說著，便上前抓著蓮女的手臂。蓮女頓時變成了一塊怪石，有一尺多高，面面玲瓏。湘若就把石頭安放到供桌上，然後點上香，很恭敬地拜禱。

到了晚上，湘若把門窗關得嚴嚴實實的，唯恐蓮女跑了。等清晨的時候一看，石頭不見了，桌上只剩下一件細紗披肩，散發著一股香氣。

湘若展開披肩，領子和衣襟上面仍然留存著蓮女剛穿過的痕跡。他便抱著披肩，蓋上被子躺在床上。天黑時他起身掌燈，一轉身就發現蓮女正躺在枕邊。

這下湘若高興極了，一把將蓮女抱住，要與她親熱。蓮女笑著說：「真是孽障啊！不知道是什麼人多嘴，竟讓我被這瘋狂的小子給糾纏死了！」於是就順從了湘若。

從此兩人情深意篤，過著幸福的生活。家裡的箱子中常常裝滿了金銀綢緞，湘若也不知道是從哪裡來的。蓮女見了外人只是恭敬地打個招呼，一副不善言辭的樣子。湘若也特別注意不讓別人知道她奇異的來歷。

蓮女十月懷胎，快到分娩的時候了，便走進房內，囑咐湘若把門關緊，禁止別人叩門。隨後蓮女竟自己用刀從肚臍下割開，取出一個男孩；又讓湘若撕了塊綢緞將傷口包好。只過了一夜，傷口就痊癒了。

就這麼過了六七年。有一天，蓮女突然對湘若說：「我們前世的緣分我已經報答了，現在我要走了。」

湘若的眼淚一下子就出來了：「你剛來我家的時候，我一窮二白，而今靠著有你才富裕起來，我怎麼忍心妳離開我呢？況且，妳也沒有什麼親人。將來兒子長大了，也不知道母親在哪裡，這是多麼遺憾的一件事啊！」

蓮女傷心地說：「世上有聚就有散，這也是沒辦法的事情。兒子有福相，你也能活百歲，還要求什麼呢？我本姓何，如果以後你思念我，就抱著我的舊物呼喚『荷花三娘子』，那樣就能看見我了……我走了。」

湘若急忙要抓住她，可是蓮女已經飛得高過頭頂了；湘若便跳起來想拉她，結果只抓住了蓮女的一隻鞋。鞋子落在地上，就變成了石燕，顏色比硃砂還要鮮紅，裡外晶瑩剔透，彷彿水晶一般。

湘若將石燕拾起來收藏好，偶然發現箱子中還保留著初見蓮女時她穿的那件蠶絲縐紗披肩。只是斯人已不再，湘若傷心極了。

後來，每當湘若思念蓮女的時候，他就拿起那件披肩，呼喚「荷花三娘子」。披肩彷彿聽得懂他的話，立刻就變成了蓮女的模樣，那喜上眉梢的容顏，就跟真的蓮女一模一樣，只是不會說話罷了……

第三節　愛花成痴終遇仙——《醒世恆言》中的惜花傳奇

《醒世恆言》為明末文人馮夢龍纂輯的白話短篇小說集，與馮氏的另兩部短篇小說集《喻世明言》（即《古今小說》）、《警世通言》合稱為「三言」。「三言」中的作品，有的是馮夢龍自己創作的，有的則是由流傳下來的宋、元兩代的話本改編而成的，題材廣泛，在不同程度上反映了當時社會生活的各種情況。

「三言」是中國古代通俗小說的傑出代表，是白話短篇小說在說唱藝術的基礎上，從文人整理加工到文人獨立創作的開始。它的出現，標誌著古代白話短篇小說整理和創作高潮的到來。

其中，《醒世恆言》第四卷〈灌園叟晚逢仙女〉講述了一個愛花成痴的老人成仙的故事。主角名為秋先，自號灌園叟。他將一生全部的心血都灌注在種花、護花上，最終得道成仙。

痴人護花一片心

故事的主角秋先是位孑然一身的老者，為著愛花，他將農事都荒廢了，專門養花種草。原文如此形容他愛花之痴：

偶覓得種異花，就是拾著珍寶，也沒有這般歡喜。隨你極緊要的事出外，路上逢著人家有樹花兒，不管他家容不容，便陪著笑臉，捱進去求玩。若平常花木，或家裡也在正開，還轉身得快。倘然是一種名花，家中沒有的，雖或有，已開過了，便將正事撇在半邊，依依不捨，永日忘歸。

這樣天天四處尋花看花，還不足夠。秋翁還傾其所有，求購花草，遇到好花，不管身上有錢沒錢，就算典當衣物，也定要購買。一些賣花的奸商看準他的脾氣，故意抬高價格，他也只是默默接受，只因為一片愛花熾情。

經過日積月累的努力，秋翁建造起了一個風景優美的大花園，其中花卉種類繁多，還有許多奇花異草，一花未謝，一花又開，一年四季，皆有可賞之花。

秋翁護花，幾乎到了極致的程度。他每天清晨起來，必先清掃花下落葉，一一灌溉，晚上還要細心澆灌一遍。但凡有一朵花開，他都歡欣雀躍，或暖一壺酒，或煮一壺茶，先向花兒深深作揖，澆奠一番，才坐下品賞。而到花謝之時，則連日嘆息不已，甚至悲傷墜淚。他捨不得那些落花，都小心收集起來，放在盤中，不時賞玩，等到花瓣都乾枯了，就把它們裝進乾淨的甕中。每裝滿一甕，就將其埋在長堤之下，謂之「葬花」。而若有花瓣被泥玷汙，他就用清水將花瓣洗滌乾淨，再送入湖中，謂之「浴花」。

他平時最恨有人攀折花朵，原文中有精妙論述：

凡花一年只開得一度，四時中只占得一時，一時中又只占數日。他熬過了三時的冷淡，才討得這數日的風光。……況就此數日間，先猶含蕊，後復零殘，盛開之時，更無多了。又有蜂採鳥啄蟲鑽，日炙風吹，霧迷雨打，全仗人去護惜他，卻反恣意拗折，於心何忍！

在秋翁眼中，花的生長就如人一般，花兒盛開之時被人採折，彷彿人春風得意之時突遭災禍；花兒一旦離開枝頭，枝幹一旦被折損，就再無重接的可能，彷彿人之一死，不可復生；還有那些未開的花蕊，因為花枝被人折去，只得含苞而死，不正像那些童年夭折的人一樣嗎？倘若摘折回去，好好愛護欣賞也就罷了，偏偏有一些人，只趁著一時之性隨意攀折，然後隨手丟棄在路邊，毫不顧惜，那些被拋棄的花朵，就如同橫禍枉死的人一樣，無處申冤，多麼可憐！

有了這樣的念頭，秋翁平時絕對不折一枝，不傷一蕊。就是看到別人家院子裡有心愛的花兒，他也寧可天天去看，而絕不接受主人贈送的一枝一朵。旁人若要摘花，他一旦看見，必再三勸說，若他人不聽勸，他情願低頭下拜乞求。那些摘花的人看他一片誠心，大多也就住了手。而那些已經損傷的花兒，他就小心取些泥土封好，謂之「醫花」。這樣，也救了不少花兒。

他自己的花園更是不輕易讓人遊玩，生怕別人傷了一花一草。偶爾有親戚鄰居要觀賞，他也先叮囑萬分，才放人進園，且只許遠觀，不容親近。有那麼一兩個人不識時務，偏偏要摘他一花一蕊，秋翁一旦發現，必然面紅耳赤，大發雷霆，下次決然不讓摘花者進園了。漸漸地，周圍人們都了解了他的脾氣，連一片葉子都不會輕易動了。

人可以擋著，禽鳥則難防。為了不讓禽鳥啄傷果實，秋翁便在空地上放置米穀飼養禽鳥，還特別向群鳥祈祝。那些鳥兒似乎也通人性，漸漸就不傷害花蕊、果實了。因此，秋翁園子裡的果子總是長得又大又甜。每到果熟之時，他必先摘取最好的祭祀花神，然後才敢自己吃。其餘的果實，街坊四鄰都送個遍，然後才拿出去販賣，掙來微薄的收入，倒也足夠應付粗衣淡飯的生活。如還有若干盈餘，秋翁絕不吝嗇，全拿去周濟村中的貧苦人家。

誠心感神終成仙

這樣年復一年，秋翁在花園中過著與世無爭的生活，無憂無慮。然而天降橫禍，一日，宦家子弟張委發現了秋翁的大花園，非要闖進去看花；而後意圖強買花園不成，便隨意採摘、糟蹋花卉。秋翁上前阻止，卻被張委及隨行一眾惡少暴打一頓，花園裡的花卉也被張委等人全部砸壞。

這是一場善與惡的較量。善良的秋翁一心只想保護嬌花，卻不想一人微薄之力根本抵擋不了惡勢力。他只見有人要傷害他心愛的花，便不管不顧，豁出去要與人拚命：

秋公揪住死也不放，道：「衙內便殺了老漢，這花絕不與你摘的。」眾人道：「這老兒其實可惡！衙內採朵花兒，值什麼大事，妝出許多模樣！難道怕你就不摘了？」遂齊走上前亂摘。把那老兒急得叫屈連天，舍了張委，拚命去攔阻。扯了東邊，顧不得西首，頃刻間摘下許多。秋老心疼肉痛，罵道：「你這班賊男女，無事登門，將我欺負，要這性命何用！」

這段文字將秋翁滿心的哀痛描繪得淋漓盡致，那些不能言語的花卉對於秋翁來說，就像他的性命一樣重要。失去了花兒，他也失去了活下去的意義。

惡人走後，秋翁獨自一人對著殘花哭泣，場面十分感人：

且說秋公不捨得這些殘花，走向前將手去撿起來看，見踐踏得凋殘零落，塵垢玷汙，心中悽慘，又哭道：「花阿！我一生愛護，從不曾損壞一瓣一葉，那知今日遭此大難！」

也許是秋翁的一片誠心實在感人，瑤池王母座下司花仙女都被他感動顯靈了。在仙女的幫助下，所有落花重回枝頭，且比起原來更加鮮豔。秋翁是個真心愛花的人，遇到這樣的奇蹟，忽然豁然開朗。他認為自己平時不讓別人看花，實在是心胸狹窄，所以才會遭此劫難。因此第二天一早，他就把園門打開，任人來看，只在一旁叮囑不要隨意採摘。村裡的男男女女聽聞這個消息，全都來秋翁的花園看花了。

然而，禍不止於此，無惡不作的張委聽說這件事後，串通官府，將秋翁誣告為妖人，並將他抓進監獄，而自己則霸占了秋翁的花園。他的所作所為，終於觸怒了園中眾花之精。眾花合力掀起一陣大風，將張委及其爪牙吹進糞窖淹死了。

而在監獄中的秋翁，則見到了前日所見仙女。仙女告訴秋翁，張委及其黨羽損花害人，天帝已下旨降災；同時教他服食百花修行之法。秋翁出獄之後，按照仙女所教方法服食百花，漸漸地不食人間煙火。所賣果實得來的錢，秋翁全都用來布施窮人。不過數年，他的白髮漸漸轉黑，容貌也年輕了許多。

一個八月十五之日，萬里無雲，明月當空，秋翁正在花下獨坐，忽然空中飛來一朵彩雲，聲樂嘹亮，異香撲鼻。彩雲之中，正立著司花仙女，秋翁急忙下拜。司花仙女說：「秋先，你修行已滿，我已上奏天地，封你為護花使者，專管人間百花。這人世間，凡是愛花惜花的，你便賜福予他；若是殘花毀花的，你就降災予他。」

秋先對著天空叩頭謝恩，隨後則飛升登雲，四鄰多有眼見的，全都驚嘆不已，一齊下拜。後來，那個地方就改名為升仙里，又叫惜花村。

參考書目

一、孫映逵主編：《中國歷代咏花詩詞鑑賞辭典》，西元一九八九年。

二、郭榕編著：《花文化》，西元一九九五年。

三、德齡著：《慈禧太后私生活祕錄》，西元一九九九年。

四、薛友編注：《怡情四書》，西元二〇〇四年。

五、趙慧文編注：《中華歷代咏花卉詩詞選》，西元二〇〇五年。

六、何小顏著：《花之語》，西元二〇〇八年。

七、蔣勛著：《寫給大家的中國美術史》，西元二〇〇八年。

八、杜華平著：《花木趣談》，西元二〇一〇年。

九、沈復著：《浮生六記（新增補）》，西元二〇一〇年。

一〇、李湧著：《中國花木民俗文化》，西元二〇一一年。

電子書購買 爽讀 APP

國家圖書館出版品預行編目資料

墨影花香，看懂雅士墨客賦予花卉的詩情畫意：感時花濺淚，恨別鳥驚心，寄情於花卉中的感性與理性 / 過常寶 著 . -- 第一版 . -- 臺北市：崧燁文化事業有限公司 , 2024.05
面；　公分
POD 版
ISBN 978-626-394-253-0(平裝)
1.CST: 花卉 2.CST: 中國文化 3.CST: 文化研究
541.262　113005215

墨影花香，看懂雅士墨客賦予花卉的詩情畫意：感時花濺淚，恨別鳥驚心，寄情於花卉中的感性與理性

臉書

作　　者：過常寶
發 行 人：黃振庭
出 版 者：崧燁文化事業有限公司
發 行 者：崧燁文化事業有限公司
E-mail：sonbookservice@gmail.com
粉 絲 頁：https://www.facebook.com/sonbookss/
網　　址：https://sonbook.net/
地　　址：台北市中正區重慶南路一段六十一號八樓 815 室
Rm. 815, 8F., No.61, Sec. 1, Chongqing S. Rd., Zhongzheng Dist., Taipei City 100, Taiwan
電　　話：(02) 2370-3310　　**傳　　真**：(02) 2388-1990
印　　刷：京峯數位服務有限公司
律師顧問：廣華律師事務所 張珮琦律師

定　　價： 350 元
發行日期： 2024 年 05 月第一版
◎本書以 POD 印製
Design Assets from Freepik.com